しずおか美味しいキャンプガイド

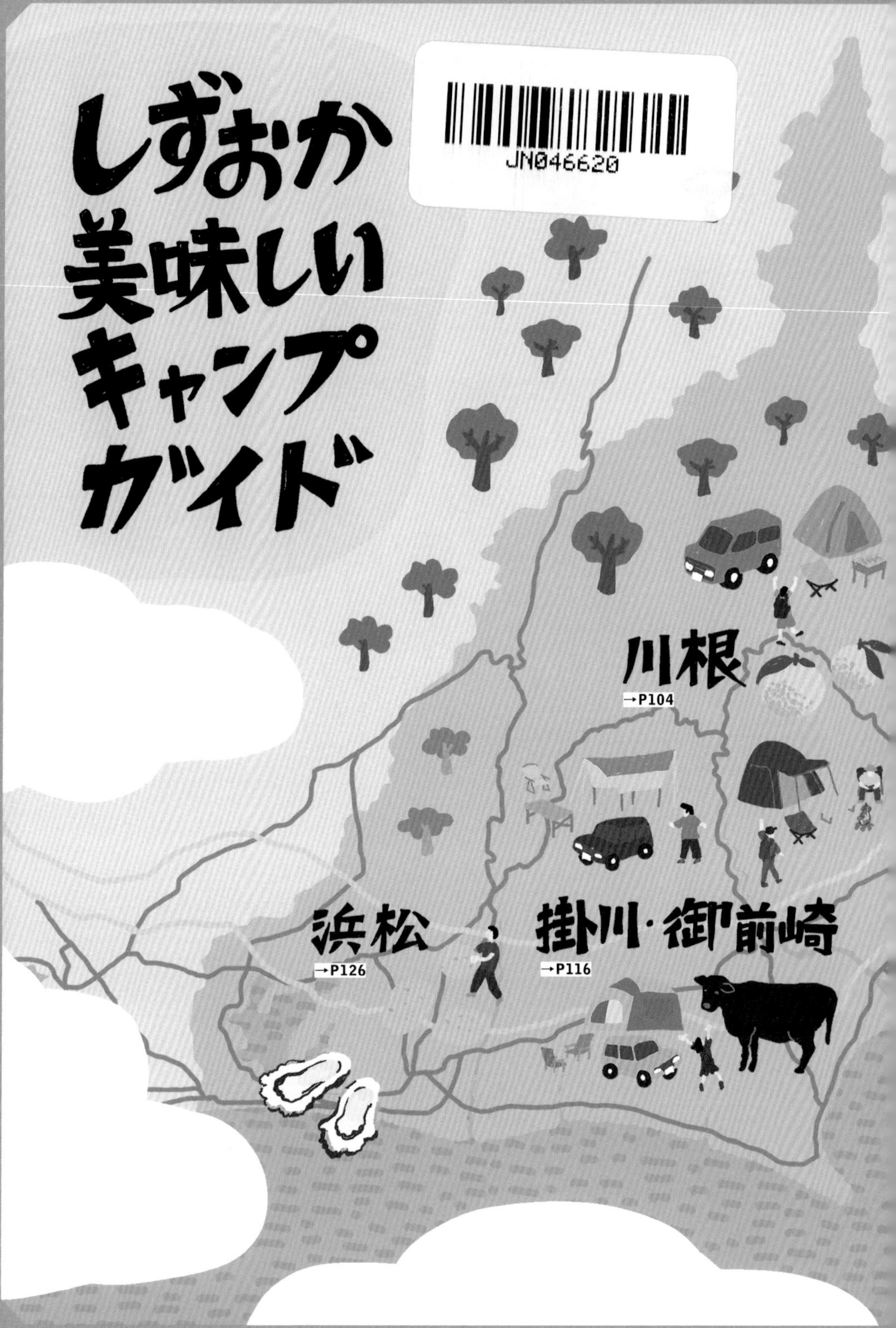

しずおか美味しいキャンプガイド

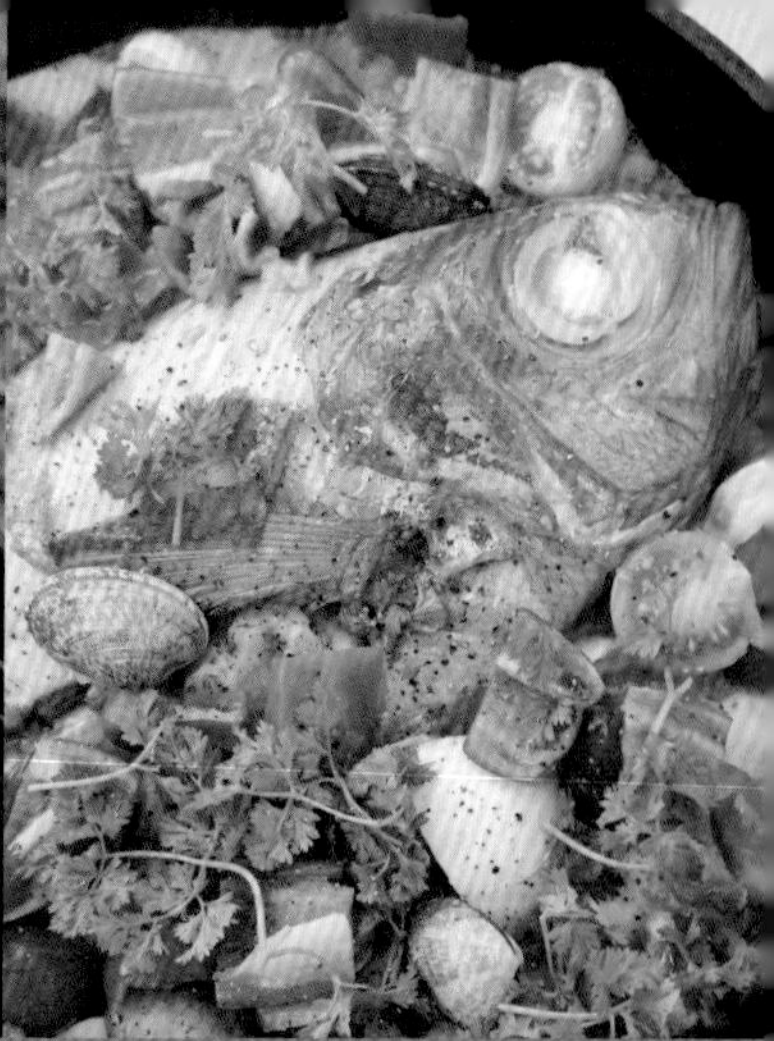

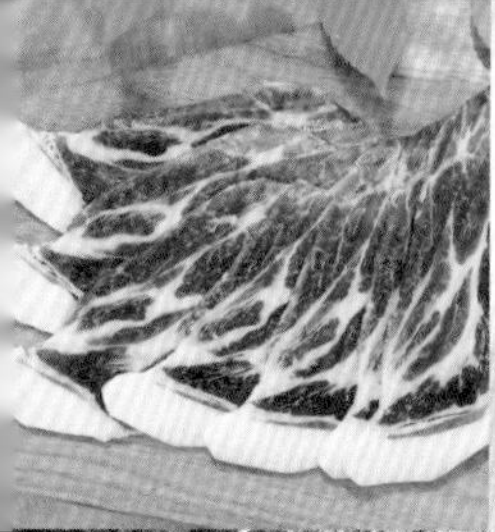

どこまでも続く草原や、
見渡す限りの青い海。
最高のロケーションで食べるごはんは、
いつもよりきっとおいしいはず。
現地で見つけた旬の味覚を、
絶景とともに「いただきます！」

しずおか美味しいキャンプガイド

CONTENTS

この本の見方

本書は静岡県内にあるキャンプ場と、その周辺にある食材買い出しスポットを紹介しています。
記事中で使用している文言・アイコンの意味は次の通りです。

DATA

営＝営業期間　**休**＝定休日

IN ＝チェックインの時間　**OUT** ＝チェックアウトの時間

交通＝主要の IC・駅などからの距離（時間は目安）

サイト数＝場内のサイト数　**ゴミ**＝ゴミの処理方法

タイプ／　サイト／

タイプ＝場内のロケーション　**サイト**＝地面の状態

アイコン紹介

色つきは「あり・OK」（「一部 OK」の場合もあり）、色なしは「なし・NG」を表します。

- フリー：フリーサイト
- 区画：区画サイト
- 電源：AC 電源付きサイト
- オート：オートキャンプサイト
- バンガロー：バンガロー・ロッジ・コテージ
- 直火：直火の使用
- ペット：ペット同伴利用
- 炊事場：炊事棟・炊事場
- 給湯設備：湯沸かし器・湯の出る水道
- 風呂：風呂・入浴施設
- シャワー：シャワー設備
- 洗濯機：洗濯機
- 水洗トイレ：水洗トイレ
- WiFi：WiFi 設備

・掲載されている情報は 2021 年 8 月現在のものです。営業期間、定休日、料金などは変更になる場合があります。
・新型コロナウイルス感染拡大防止のため、施設によっては一部休止中のサービスもあります。
　最新情報は各キャンプ場・食材販売店にお問い合わせください。
・価格は税込表記を基本としています。
・写真は各施設の提供によるものと、編集部撮影のものを使用しています。

しずおかキャンプレシピ帳①

高原のごはん

市場で手に入れた食材が、
とっておきのごちそうに早変わり。
どこまでも広がる空の下、
ピクニック気分で作ってみましょ。

レシピ監修／榊原 香（fundish）
協力／ピーターパンキャンパーズ
写真／小澤義人

ロケ地／ハートランド・朝霧

チーズがとろり！

切り落とさないように気をつけて

POINT
ジャガイモの切り込みは、両サイドに割り箸を添えると切りやすい。切れ目にベーコンを挟んだり、上にサワークリームをかけたりしても美味。

ハッセルバックポテト

材料（4人分）

ジャガイモ（メイクイーン）…4個
アンチョビ…10枚　バター…100g
ニンニク…1かけ　水…大さじ2
ハーブ（ローズマリーやタイムなど）…適量
溶けるチーズ（または粉チーズ）…適量
黒コショウ・パセリ…適量

作り方

1_ 室温に戻したバター、刻んだアンチョビ、すりおろしたニンニクを混ぜ、練り合わせる
2_ ジャガイモに3～5mm幅の切り込みを入れ、10分ほど水（分量外）に漬ける
3_ ジャガイモの切れ目を水でよく洗って水気を切り、切れ目の間に1を塗る
4_ よく熱したスキレットにくしゃくしゃにしたアルミホイルを広げて引き、ジャガイモをのせる。水を加えてハーブをのせ、蓋を閉めて20～30分火にかける
5_ ジャガイモがやわらかくなったらチーズをのせ、蓋をして余熱でチーズを溶かす。仕上げにパセリや黒コショウを振る

ハニースパイスコーン

うーん、スパイシー

POINT
トウモロコシは油がハネやすいので蓋や網などでガードを。スパイスを入れず、溶かしバター（20g）を入れると、ハニーバターコーンになる。

材料（4人分）

トウモロコシ…2本　サラダ油… 適量
小麦粉…大さじ4　塩・コショウ…適量
ハチミツ…大さじ3　ナンプラー…大さじ2
ケイジャンスパイス（カレー粉でも可）…小さじ1
パセリ・黒コショウ…適量

作り方

1_ トウモロコシを半分に切り、縦に4等分する
2_ 袋にトウモロコシと小麦粉、塩・コショウを入れ、全体によくまぶす
3_ 大きめのボウルにハチミツ、ナンプラー、ケイジャンスパイスを入れて混ぜる
4_ フライパンに油を多めに入れ、油が温まったらトウモロコシを入れて芯が反るまで揚げる
5_ 3のボウルにトウモロコシを入れて絡める。仕上げにパセリのみじん切りと黒コショウを振る

ウッドプランクグリル

木の板ごと焼く新感覚BBQ

ウッドプランクグリルとは、肉や魚などの具材を木の板にのせ、板ごと熱する調理法のこと。蒸気や煙で具材に火を通すことで、燻製のような味わいが楽しめる！

〈ウッドプランクグリル〉

材料

ウッドプランク（木の板）
塩・コショウ…適量
水（またはワイン）…適量
具材…ベーコン・ソーセージなどお好みで
※あればパセリやローズマリー…適量

作り方

1_ ウッドプランクを一晩、水に漬けておく。余ったワインなどに漬けると香りがよくなるのでさらにグッド
2_ ウッドプランクを水から出し、具材をのせて塩・コショウを振る
3_ ウッドプランクの上面をアルミホイルで覆い、炭火にかける。中まで火が通ったら完成。お好みでパセリなどを添えてもグッド

POINT
はじめは板から出る水分で蒸し、板が焦げてきたら煙で香りづけしながらじっくりと熱する。鉄板のような熱伝導性はないので、時間をかけて中までしっかり火を通そう。

ウッドプランクの選び方

サクラやナラ、クルミなど、燻製に使われる木材を選ぶと肉や魚にマッチして美味。反対に、ケヤキやクスなど、独特な香りを持つ樹種は避けた方が無難だ。写真は輪切りの木材を使っているが、まな板のように木の繊維に沿って木取りしたものを使ってもOK。

アルミホイルで蒸し焼きに！

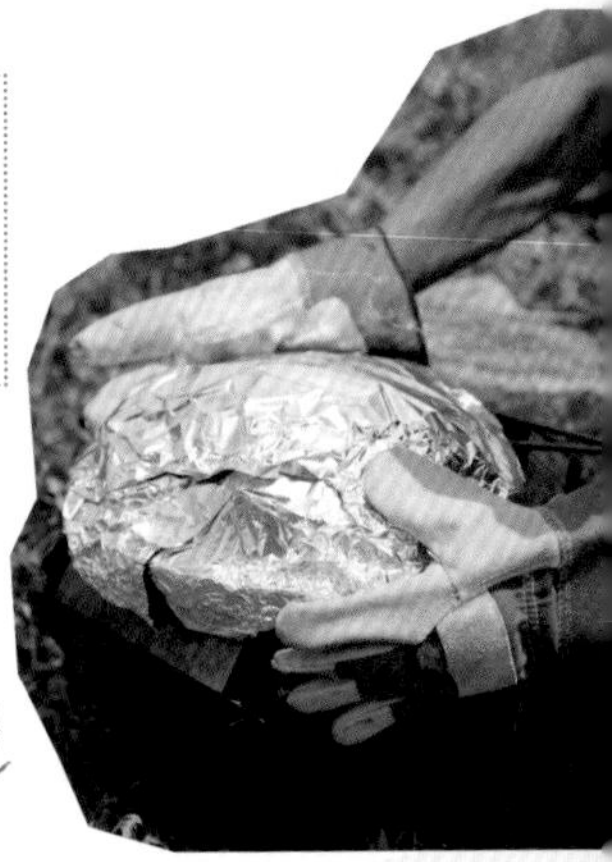

フォカッチャ

材料（4人分）

強力粉…250g　ドライイースト…3g　塩…小さじ1
砂糖…小さじ2　オリーブオイル…大さじ2
水…180cc　岩塩…適量　ローズマリー…適量

POINT
発酵は気温や季節によるので、5の2次発酵は生地がふっくらするタイミングを見計らって。6で焦げそうな場合はアルミホイルを蓋の下にかぶせる。炭火の場合は、ダッチオーブンの使用がオススメ（蓋と生地の間に空間があって焦げにくいため）。

作り方

前日から準備だ！

〈前日〉

1_ ボウルに強力粉を入れ、手前にドライイースト、奥に塩と砂糖、中央に水とオリーブオイルを入れて全体がまとまるまでよくこねる
2_ 生地にツヤが出てなめらかになったら丸め、ボウルに入れて蓋をするようにぴったりとラップし、暖かいところに30分ほど置いておく（1次発酵）
3_ 生地が一回り大きくなったら、再度こね直し、丸めて生地にぴったりとラップして冷凍する

〈当日〉

4_ 自然解凍させたらスキレットにオリーブオイル（分量外）をひき、生地を2cmほどの厚みになるよう円状に伸ばす
5_ 蓋をして20分ほど置き、2次発酵させたら表面に指でくぼみをつける。岩塩やローズマリーをのせ、表面にオリーブオイル（分量外）を塗る
6_ 15分ほど中火で焼いたら、裏返して表面を少し焼く。炭火の場合は弱火にし、蓋の上に炭（中火）を置いて熱する

スパニッシュオムレツ

材料（4人分）

卵…10 個
タマネギ…1/4 個
ジャガイモ…1個
ズッキーニ…1本
ベーコン
（ハム・ソーセージでも可）…適量
オリーブオイル…大さじ2
粉チーズ…大さじ 3
牛乳…大さじ 4
塩・コショウ…適量

作り方

1_ ボウルに卵を割り、粉チーズと牛乳、塩・コショウを入れてよく混ぜる
2_ タマネギ、ジャガイモ、ズッキーニ、ベーコンを薄めにスライスする
3_ 18cm ほどのフライパン（またはスキレット）にオリーブオイルを引いて炒める。油が全体に回ったら、塩・コショウし、1 を一気に入れ、空気を含ませるように全体を絡める
4_ 弱火にし、蓋をして 10 分ほど蒸し焼きにする。卵の表面が軽く固まったら裏返して 3 分ほど焼く。蓋の上に弱火程度の炭を置いて熱すれば裏返さなくて OK

ワンポットトマトパスタ

材料（4人分）

パスタ…320g　ベーコン…100g
タマネギ…1/2 個　ニンニク…2かけ
カットトマト缶…2缶　水…3カップ
オリーブオイル…大さじ2
塩…小さじ2
黒コショウ・粉チーズ・パセリ…適量

作り方

1_ オリーブオイルをフライパンで熱し、ベーコン、タマネギ、ニンニクを炒める
2_ 水とトマト缶1個、パスタ、塩を入れて強火で麺をほぐす
3_ 煮立ったら、蓋をして弱火にする。時々、麺をほぐしながら指定茹で時間の3分前まで煮込む
4_ トマト缶をもう 1 缶足し、全体にとろみがつき、麺が好みの硬さになるまで蓋をしないで煮込む。仕上げに黒コショウ、粉チーズ、パセリを振る

スペアリブと白インゲン豆の煮込み

材料（4人分）

スペアリブ…12本
白インゲン豆の水煮缶…1個
カブ…4個　ニンジン…1本
タマネギ…1個　ローリエ…2枚
唐辛子…1本　白ワイン…カップ1/2
水…適量　塩・コショウ…適量

作り方

1_ タマネギはみじん切り、カブは洗って皮付きのまま4等分、ニンジンは6cmほどの長さに切って4等分する
2_ スペアリブに塩・コショウし、油なしで焼く
3_ 焼き色が付いたら取り出し、同じ鍋にタマネギのみじん切りとローリエ、唐辛子を入れて炒める
4_ タマネギが透明になったらスペアリブを戻し、スペアリブがひたひたに漬かるぐらいに水を入れて沸騰させる。その後、弱火にして蓋をして1時間ほど煮込む
5_ スペアリブがやわらかくなったらニンジンとカブを入れる。野菜がやわらかくなったら白インゲン豆を汁ごと加え、白ワインを入れてアルコールを飛ばしながら蓋をせずに少し煮詰める。塩で味を調整して完成

POINT
煮込む際は水が具材に軽くかぶるぐらいをキープするよう、こまめに足して。

スタッフドバゲット

材料（4人分）

バゲット（中身のやわらかいタイプ）…1本
クリームチーズ…300g　レーズン…100g
ラム酒…大さじ3　砂糖…適量

作り方

1_ レーズンを軽く湯で洗い、水気を絞ってラム酒に漬ける
2_ クリームチーズに1と砂糖を加えてよく練る
3_ バゲットの両端を切り、菜箸などで中心の生地を中に押し込んで抜く
4_ 2を絞り袋に入れて、バゲットの中へ詰め、ラップをして冷凍する
5_ 食べるときに自然解凍し、好みの厚みにカットする

POINT
砂糖をハチミツに変えたり、ナッツやミックスフルーツを入れたりしても美味。中身をくり抜くのが難しければ、バゲットに割れ目を入れて、中身を挟んでもOK。

海ごはん編（P45）に続く！

富士宮エリア

[Fujinomiya Area]

富士山の西麓に広がる朝霧高原は、県内きっての一大キャンプスポット。見渡す限りの草原地帯は夏でも涼しく、雄大な景色を満喫するにはもってこいだ。チーズや牛乳、牛・豚・鶏肉など、牧畜が盛んな土地ならではの食材にも注目しよう。

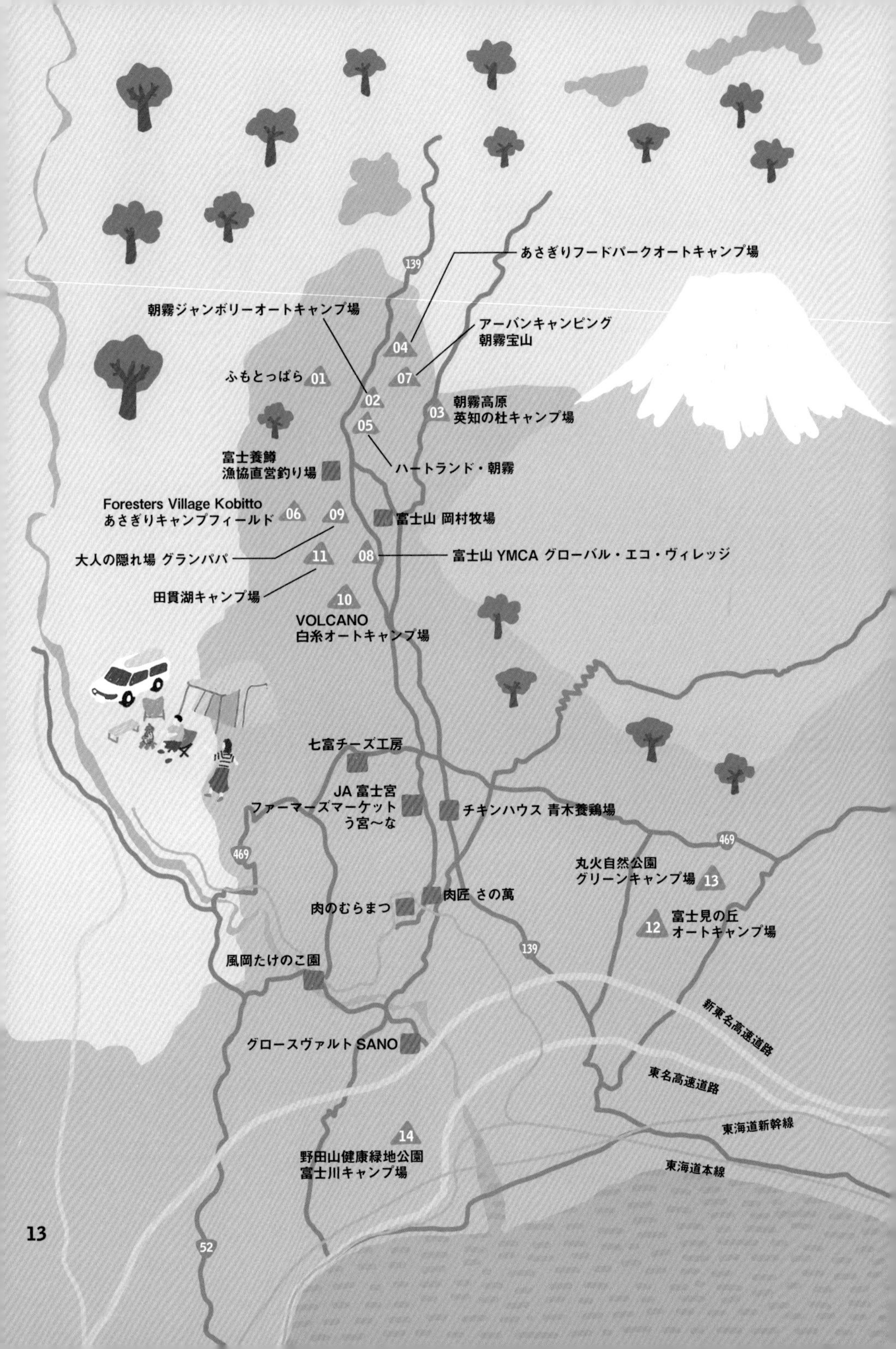
139
あさぎりフードパークオートキャンプ場
朝霧ジャンボリーオートキャンプ場
アーバンキャンピング
朝霧宝山
04
07
ふもとっぱら
01
02
05
03
朝霧高原
英知の杜キャンプ場
富士養鱒
漁協直営釣り場
ハートランド・朝霧
Foresters Village Kobitto
あさぎりキャンプフィールド
06
09
富士山 岡村牧場
大人の隠れ場 グランパパ
11
08
富士山 YMCA グローバル・エコ・ヴィレッジ
田貫湖キャンプ場
10
VOLCANO
白糸オートキャンプ場
七富チーズ工房
JA 富士宮
ファーマーズマーケット
う宮～な
チキンハウス 青木養鶏場
469
469
丸火自然公園
グリーンキャンプ場
13
肉のむらまつ
肉匠 さの萬
富士見の丘
オートキャンプ場
12
139
風岡たけのこ園
新東名高速道路
グロースヴァルト SANO
東名高速道路
東海道新幹線
14
野田山健康緑地公園
富士川キャンプ場
東海道本線
52

富士宮

01 ふもとっぱら

タイプ／高原　サイト／芝

フリー　区画　電源　オート　バンガロー　直火　ペット

炊事場　給湯設備　風呂　シャワー　洗濯機　水洗トイレ　WiFi

予約方法／ウェブ
料金／サイト料（車 2000 円、バイク 1000 円）＋施設利用料（中学生以上 1000 円、小学生 500 円）

富士山と毛無山を望む、自然あふれるフリーサイトキャンプ場。東京ドーム約5個分という広大な敷地面積を誇り、1日中移り変わる風景を思いきり堪能できる。目の前に広がる雄大な富士の景観は圧巻の一言。澄んだ夜空に輝く星々や、夜明けとともに昇る朝日も感動モノだ。

管理人の竹川将樹さんは、戦国時代から一帯を治めてきた竹川氏の末裔。東京農大に畜産実習用として貸し出していた土地を活用し、15年前にキャンプ場をオープンした。これまで野外フェスやコンサートなど、多くのアウトドアイベントの会場として利用され、「キャンパーの聖地」との呼び声も高い。

サイトは車で乗り入れられ、隣とも距離を取ることができるので、周囲に気兼ねなく楽しめる。ただし、日陰は少ないのでタープなどの持参がオススメだ。音楽や発電機、ドローンなどの騒音や花火はNG。標高830mの高地にあり、天候

雄大な自然に囲まれたキャンプサイト。毛無山も一望できる

圧倒的スケールの富士山！麓から頂上まですべてを望める

大スケールの富士、まさに聖地！

運が良ければ管理棟近くの池で「逆さ富士」が見られることも！

上／「金山キッチン」の営業は金～日曜（時間はSNS参照）。新鮮な鹿肉料理を堪能しよう！下／キャンプ初心者にはコテージ泊もオススメ。（25000円、5名まで同額）

トイレと水場はヒノキ造り。温水便座を搭載した水洗トイレは清潔感あり

DATA 富士宮市麓156／☎0544-52-2112／**営**通年／**休**なし／**IN**8：30～17：00（コテージ15：00～17：00）／**OUT**14：00（コテージ11：00）／**サイト数**非公開／**交通**新東名新富士IC、東名富士ICから車で35分／**ゴミ**可燃物は100円、資源ゴミは無料で引き取り。不燃物は持ち帰り／ https://fumotoppara.net

が急に変わることもあるので衣類の準備など防寒対策もしっかりとしておきたい。冬場の風が強い日は、焚き火禁止になることもあるので頭に入れておこう。

売店では敷地内で処理した鹿肉も販売している。日によって品切れの場合もあるため、気になる人は来場時にチェックしよう。週末は場内の朝霧フードコート「金山キッチン」で、地元の食材や鹿肉を使った料理も味わうことができる。

おいしい情報 車で7分で行ける道の駅「朝霧高原」には、朝霧高原の牛乳や乳製品、朝霧ヨーグル豚などの豚肉がずらり！

開放感たっぷりのサイトから富士山を望む！

02 朝霧ジャンボリーオートキャンプ場

タイプ／高原　サイト／芝

フリー　区画　電源　オート　バンガロー　直火　ペット
炊事場　給湯設備　風呂　シャワー　洗濯機　水洗トイレ　WiFi

予約方法／電話・ウェブ
料金／フリーサイト 2750 円〜、AC サイト 4070 円〜、プレミアムサイト 11000 円〜

370㎢の広大なフリーサイトは、豊かな緑と富士山をバックにした絶好のロケーション。地面はどんなペグも対応できる芝地で、敷地が広く隣を気にせずテントを張れる。富士山はどのサイトからも望め、特にI・M・N・広場サイトからの眺望が最高！ゆったりとした時間を楽しみたい人やファミリーにオススメだ。

富士山の天然水を汲み上げられるのも、ここならではの魅力。水場は各エリアに設置され、料理にも使える。ここではぜひコーヒーやスープなど、水のおいしさが生きる料理に挑戦してみてほしい。

また、場内にはレストラン（11時〜14時）もあり、地元の肉・野菜を使用したカレーや富士宮やきそばが味わえるのもうれしい。

トイレはすべて水洗なので、子連れも安心。プレミアムサイトなら、リビングスペース、電源設備、炊事場もあるので、初

富士の麓で料理&ゴルフを満喫

サイトは車でそのまま乗り入れ可能

ゴルフパック
プランもある

場内にある「朝霧ヴィーナス・ガーデン・ゴルフコース」

管理棟では薪やカセットコンロなど便利グッズが買える

上／リビングスペース、電源設備、炊事場を完備した特別なプレミアムサイト　下／木々に囲まれたGサイトは人気の穴場スポット

心者でも利用しやすい。Mサイトはペット禁止、電源サイトは予約必須なので注意しよう。

　場内のゴルフ場は18ホールの本格的なショートコースで、子どもや初心者もプレー可能。キャンプ場宿泊者限定のお得な「ゴルフパックプラン」も用意されている。富士山の麓で、キャンプとゴルフをとことん楽しもう。

レストランで味わえるカレーは絶品！

DATA 富士宮市猪之頭 1162-3／☎ 0544-52-2066／**営**通年／**休**なし／**IN**フリーサイト 8：30 ～ 17：00（土・日曜、祝日 8：00 ～）AC・プレミアムサイト 13：00 ～ 17：00／**OUT**フリーサイト 16：00（繁忙期 12：00）、AC サイト 12：00、プレミアムサイト 10：00／**サイト数** 264／**交通**新東名新富士 IC から車で 30 分／**ゴミ**持ち帰り／ https://www.asagiri-camp.net

おいしい情報 》 車で 10 分、道の駅「朝霧高原」で販売している地元肉を使用したソーセージが絶品！

冬の夜の気温は氷点下 10 度前後。その分、満天の星空が望める

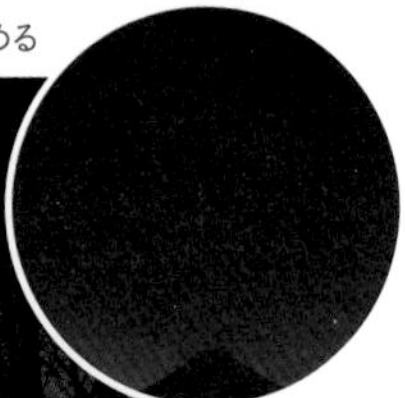

美しい森で優美なひととき

隣接する農場レストラン「えいちのむら」。新鮮な野菜も販売している

ラグジュアリー感のあるゆったりとしたサイト

レストランで味わえる自家製オーガニック野菜を使用したランチプレート（1000 円）

03 朝霧高原 英知の杜キャンプ場

タイプ／林間　サイト／土

フリー　区画　電源　オート　バンガロー　直火　ペット
炊事場　給湯設備　風呂　シャワー　洗濯機　水洗トイレ　WiFi

予約方法／ウェブ・キャンプ場予約サイト「なっぷ」
料金／平日 9000 円～（2 名）、12000 円～（3 名）

農場レストラン「えいちのむら」から徒歩1分。静かな広葉樹の森に囲まれたキャンプ場が2021年4月にオープンした。コンセプトは「Private is luxury」。文字通り高級感のあるプライベートキャンプ場で、最大利用人数は3人と少人数。サイト同士の間隔が広いため、自分の時間を贅沢に楽しむことができる。騒音や迷惑行為はもちろんNG。時には愛する人と、時には一人でゆっくりと、木漏れ日や夕陽、満天の星空をゆっくり満喫したい。霧が強く冷え込む時もあるので防寒対策をしておくと安心だ。

えいちのむら広報宣伝部ワンちゃん課のソラちゃんがお出迎え

DATA 富士宮市根原 71-3 ／☎ 0544-52-1616 ／**営**通年／**休**月曜／**IN**13：00 ～ 16：00 ／**OUT**11：00 ／**サイト数** 6（拡大中）／**交通**東名富士 IC、新東名新富士 IC から車で 30 分／**ゴミ**引き取り（ゴミ袋支給）／ https://www.bt-r.jp/aec

おいしい情報 》 車で約 20 分の精肉店「豚珍館」で買える朝霧ヨーグル豚は、発酵飼料を使用した、臭みが少なく甘みの強い地元のブランド豚。ぜひ味わってみよう！

意外と穴場！食体験も楽しめる

標高 900m の澄んだ空気が気持ち良いサイト

04

あさぎりフードパーク オートキャンプ場

予約方法／ウェブ
料金／サイト料（普通車 2000 円、バイク 1000 円）+入場料（中学生以上 1000円、小学生 500 円、小学生未満無料）、スタイルキャビン 15000 円～（定員 4 名）

タイプ／**高原**　**サイト**／**草**

道の駅「朝霧高原」の隣、富士山の絶景を望むあさぎりフードパークは、地元特産品の工場見学を楽しめる食の体験施設。5万㎡の敷地内には、お茶屋、芋屋、菓子店、牛乳工房、酒蔵が並び、キャンプ場やドッグランも併設されている。テントサイトは15と少なめで、ゆったりとした時間を過ごしたい人にぴったり。家族はもちろん、ソロキャンパーにもオススメの穴場的なスポットだ。2021年5月にはモダンな雰囲気の「スタイルキャビン」も登場。コテージ感覚で利用でき、デッキで食事も楽しめる。

「スタイルキャビン」はエアコン完備で鍵付き（ペットＮＧ）

インフォメーションでは朝霧牛乳や土産、犬用菓子などが買える

レンタサイクルもあるよ

薪や炭は管理棟の入り口横で販売

DATA 富士宮市根原 449-11 ／☎ 0544-29-5101 ／**営** 3 月～12 月（冬季休業あり）／**休**木曜／**IN**12：00 ～ 16：00 ／ **OUT**9：30 ～ 11：00 ／**サイト数** 17 ／**交通**新東名新富士 IC から車で 40 分／**ゴミ**ビン・缶・ペットボトルは無料、可燃物は専用袋（200 円）購入で引き取り／ https://asagiri-foodpark.com

おいしい情報 事前予約すれば施設内で BBQ セット（2 人前 1500 円～）を購入できる！富士宮ならではの焼きそばセットや、串焼きセット、焼肉セットもあるよ。

雄大な光景が広がるフリーサイト

牛と陽気なオーナーがお出迎え

牧場で餌やりや乳搾り、チーズ作りなどが体験できる

右／キャンピングコテージの利用は3000円〜
左／BBQの食材も注文可能（一人前2800円）。もちろん持ち込みもOK

05 ハートランド・朝霧

タイプ／高原　サイト／草

予約方法／電話・FAX・ウェブ
料金／テント泊（1張3000円）、バイク泊（1人1500円）、タープ1張+500円、車1台+500円

カモーン！ハートランド・朝霧は「監督」の愛称で親しまれているファンキーなオーナー・中島芳宏さんが営む牧場型のキャンプ場。音楽イベントにも使われる草原のフリーサイトは、富士山もばっちり見えて開放感たっぷり。場内には屋根付きのBBQ施設やキャンプコテージ、ハンモックに最適な林間サイトもあり、五右衛門風呂も利用できる(1人500円)。隣接する牧場で乳搾りをしたり、トラクターで場内を遊覧したりと、牧場ならではの楽しみもいっぱい。地面を守るため、焚き火の際は防炎シートを敷くのを忘れずに。

陽気な牧場主・中島さんがお出迎え。ニックネームは「監督」

DATA 富士宮市根原228／☎090-1825-8989(FAX0544-52-1029）／**営**通年／**休**なし／**IN**いつでも／**OUT**夕方頃／**サイト数**テント100張／**交通**東名富士IC、新東名新富士ICから車で30分／**ゴミ**持ち帰り／http://asagiri-kantoku.net

おいしい情報 》場内の牧場で採れた牛乳で作るソフトクリーム（350円）は絶品。オリジナルのチーズ（1100円）は焼いて食べると美味！

ゆったり女子キャンを満喫

富士山が望める「びゅ〜サイト」

テントがセット済みの常設サイトもある

06

Foresters Village Kobitto あさぎりキャンプフィールド

予約方法／電話・ウェブ・キャンプ場予約サイト「なっぷ」
料金／サイト料（2750円〜）+施設利用料（中学生以上550円、小学生330円、3歳以上220円、ペットは事前申請で無料）

タイプ／林間　サイト／砂利

川遊びができる小川。初夏にはホタルも

清潔感のある木目調の水場やトイレ

「ゆったりのんびり」をコンセプトに掲げるForesters Village Kobittoが山梨に続き、2020年6月、富士宮にオープン。人里離れた森の奥にあり、静かに過ごしたい人にオススメだ。ゆとりあるサイトは1区画当たりの定員は5人までで、女性ソロ専用サイトも完備。利用者同士が気兼ねなく楽しめるよう、グループキャンプもNGにしている。ペットとのんびり過ごせるドッグランサイトもあり。工作のワークショップも随時開催しているので、思い出作りに参加してみては。

管理棟でキャンプ用品や軽食も買える！

DATA 富士宮市猪之頭2350／☎0544-52-1500／**営**3月下旬〜年始／**休**水曜／**IN**14:00／**OUT**12:00(常設サイト11：00）／**サイト数**41／**交通**新東名新富士IC、東名富士ICから車で35分／**ゴミ**袋持参で引き取り（袋は200円から購入も可能）／https://www.kobitto-asagiri.com

おいしい情報 》 4〜11月頃の毎週土曜は、場内の「にじます池」でニジマス釣りが体験できる！（要予約）

07

アーバンキャンピング朝霧宝山

予約方法／電話・ウェブ
料金／オートサイト 6500 円〜、コテージ 15000 円〜、グランピング 20000 円〜

DATA 富士宮市根原 371-5／☎ 0545-38-3646／**営** 3 月〜 11 月、年末年始（特別営業）／**休**なし／ **IN**13：00 ／ **OUT**12：00（コテージ・グランピング 10：00）／**サイト数** 30 ／**交通**新東名新富士 IC から車で 40 分／**ゴミ**引き取り（ビン以外）／ https://urban-camping.jp

まるで都会で暮らすように快適なキャンプ体験が満喫できるスポット。目玉は貸し切りで利用できる溶岩・ヒノキの露天風呂。目の前に高原が広がり、毛無山の絶景を眺めながら湯を楽しめる。売店では地元産の冷凍肉が購入でき、ＢＢＱセット（３０００円〜）も予約ＯＫ。気軽にアウトドア気分を味わいたい人にオススメ。

上／ペットはオートサイトのみOK　右／コテージやグランピング施設も充実

タイプ／高原　サイト／芝・土

08

富士山 YMCA グローバル・エコ・ヴィレッジ

予約方法／電話
料金／ 1 人 2700 円（休日は 3100 円、同居家族 3 人目からは 2000 円）+駐車料 500 円（バイク 300 円）

DATA 富士宮市原 1423 ／☎ 0544-54-1151 ／**営**通年／**休**不定／ **IN**13：30 ／ **OUT**12：00 ／**サイト数**定員 140 名／**交通**新東名高速新富士 IC から車で 40 分／**ゴミ**持ち帰り／ https://www.yokohamaymca.org/fujisan-global

青少年の育成を目的とした体験施設だが、一般客の利用もＯＫ。東京ドーム10個分の広大な敷地で、目の前に富士山を眺めながらテントキャンプが楽しめる。オートキャンプ場ではないものの、荷物の搬入・搬出時は車で入場できるので便利。希望者は宿泊棟やキャビンも利用可能。５月と８月はダイヤモンド富士も眺められる。

上／富士山の目の前でデイキャンプもできる　右／管理センターでは時間制で入浴ができる

タイプ／高原　サイト／芝

いろいろな
サイトがあるよ

09 大人の隠れ場 グランパパ

予約方法／ウェブ
料金／レギュラーサイト4500円、竹林フリーサイト3000円、ドッグランビッグサイト10000円

DATA 富士宮市猪之頭26-1／☎080-4449-3515／**営**通年／**休**なし／**IN** 13：00／**OUT**12：00／**サイト数**約50／**交通**新東名新富士ICから車で30分／**ゴミ**引き取り／https://www.gran-papa.com

上／水はけの良いレギュラーサイト　右／清流沿いのフリーサイト

芝川沿いに2021年3月にオープン。富士山の見えるレギュラーサイト、プライベート感のある竹林サイト、爽やかな清流サイトなど、さまざまなロケーションでキャンプを楽しめる。ヒノキの乾燥材を使った薪は、なんと使い放題！トイレはウォシュレット付き、有料でWiFiの利用も可能だ。落ち着いた時間を過ごしたい人にオススメ。

タイプ／高原・林間・河畔　サイト／草・土

10 VOLCANO白糸オートキャンプ場

予約方法／ウェブ
料金／サイト料6500円〜（電源付きサイト+1000円）

DATA 富士宮市内野1892-1／☎090-4187-8945／**営**3月〜年末／**休**日〜金曜（繁忙期は営業）／**IN**13：00／**OUT**11：00／**サイト数**35／**交通**新東名新富士ICから車で30分／**ゴミ**引き取り／https://volcano-camp.amebaownd.com

2018年にリニューアルした、富士山の見える林間キャンプ場。近くには芝川が流れ、場内の池ではニジマス釣り（1尾500円）も楽しめる。露天風呂があるほか、ウォシュレット付きのトイレや、お湯が出る水道など設備も充実。通常営業は土曜のみで、1サイトにつき大人の利用は3人まで。静かな雰囲気を求めるキャンパーに人気だ。

上／標高600mにあり夏でも涼しい
右／富士山が見えるサイトも人気

タイプ／林間　サイト／砂利

絶景！富士と湖畔の自然を満喫

見晴らしが良い人気の A サイト

富士山を眺めながら湖で釣りも楽しめる（大人 700 円）

遊具もあるよ！

静かで落ち着いた雰囲気の B サイト

11

田貫湖キャンプ場

タイプ／湖畔　サイト／芝

フリー　区画　電源　オート　バンガロー　直火　ペット　炊事場　給湯設備　風呂　シャワー　洗濯機　水洗トイレ　WiFi

予約方法／ウェブ
料金／テント 1 張 2500 円（大型 3500 円）、タープ 1 張 1000 円、利用料 1 人 200 円（小学生～）、繁忙期は+ 1000 円、延長 300 円（小・中学生 100 円）

田貫湖畔から富士山を望む、絶好のロケーションが魅力。サイトは眺望の良い A サイトと、木々の多い B サイトに分かれ、それぞれに清潔なトイレとシャワー、炊事棟が完備されている。BBQ サイトもあり、食材持ち込みプラン（テーブル・イス付き、コンロなどレンタル可）は 4 人 4000 円～。ボートや魚釣りなどのレジャーのほか、レンタサイクルで約20分の湖畔1周が楽しめる。足を延ばして小田貫湿原、陣馬の滝を訪ねるのもオススメ。

手ぶら OK、地元食材の BBQ プランも人気（1 名 6000 円～）

DATA 富士宮市佐折 634-1 ／☎ 090-4234-8039 ／**営**通年／**休**なし／**IN** 8：00 ～ 17：00（12 ～ 2 月 16：00）／**OUT**12：00(15：00 まで延長可）／**サイト数** 150 ／**交通**新東名新富士 IC から車で 40 分／**ゴミ**引き取り／ https://tanukiko.com

おいしい情報 》 車で 10 分の「杵塚養鱒場」はマス・ヤマメ・イワナの釣りが楽しめる施設。つかみどり体験もできる！

富士宮エリアの逸品
IPPIN

「チーズ」

朝霧の牛乳から生まれた、やわらか＆濃厚な味わい

ミルクリームガーリック（80g550円）
パンやクラッカー、牛肉の味付けにも
焼くチーズ（90g570円）
焼いても溶けないキプロス地方の伝統的なチーズ
ボッコンチーニ（100g480円）
一口サイズのモッツァレラ。グラタン、カレーにもぴったり

雄大な牧草地が広がる朝霧高原は、酪農が盛んな土地。その歴史は戦後、国の開拓地として指定され、入植者による農地開発が進められたことに始まる。現地は湿度が高く、畑作に不向きだったため、事業は次第に酪農へとシフト。今では全国有数の酪農地となり、年間３万トン以上の牛乳が出荷されている。

そんな朝霧の牛乳でチーズを作る「七富チーズ工房」が、2021年７月にオープンした。店主の高木宏昭さんは北海道でチーズ作りを学んだ後、全国各地を回る中で、富士山を背景に放牧牛が暮らす朝霧ならではの風景に感動。現地の牛乳を使った乳製品が意外と少ないことに気づき、開店を決意したという。

店ではミルクの味わいたっぷりのモッツァレラチーズや、オイル漬けチーズ、キャンプに最適な焼くチーズなどさまざまな商品を製造。その日の気温や湿度によって調理時間を調整することで、やわらかく濃厚な味わいを生み出している。

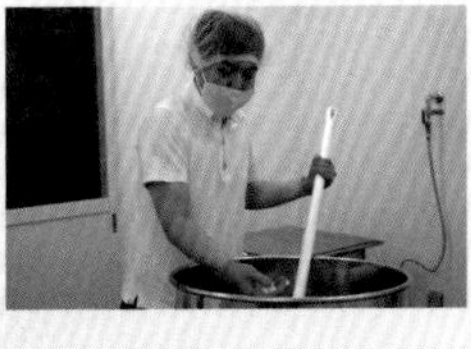

七富チーズ工房

富士宮市下条487-1／☎070-8534-4772／**営**10：00～17：00／**休**月～金曜
大学で酪農を学んだ店主が「朝霧産のチーズを地元の人に食べてもらいたい」と店をオープン。富士宮市のふるさと納税の返礼品にも選ばれている。ネットショップで購入も可能。

富士宮エリアの逸品 IPPIN

【豚肉】

甘くてふんわり！希少なLYB豚を味わおう

富士宮市で買うならココ

畜産業が盛んな富士宮エリアは、地域発の銘柄豚がいっぱい。中でも高級ブランド肉として人気を集める「LYB豚（エルワイビーぶた）」は、ランドレースに希少価値の高い中ヨークシャーを交配し、さらにバークシャー（黒豚）を掛け合わせた至高の豚肉だ。豚の品種交配の世界的な権威・富士農場サービスの桑原康さんが生み出した傑作で、肉質はきめ細かく、ふんわりとした食感。脂肪もしつこくなく、しっかりしたうま味と甘みが味わえる。

年間の出荷量は1000頭ほどで流通量が少なく、富士宮市でも扱っている店は少ない。地元の精肉店「肉のむらまつ」では、生産者から半身を直接仕入れ、リブロース・ヒレ（100g410円）、切り落とし（100g237円）の3種を販売。キャンプで味わうならBBQはもちろん、切り落としを使ってぜいたくな富士宮焼きそばを作るのも面白そう。店では注文のたびに揚げるLYB豚のとんかつ・ひれかつも好評だ。

肉のむらまつ

富士宮市大中里784-12／☎0544-27-5217／**営**10：00～19：00（土・日曜、祝日9：30～18：30）／**休**月曜・第3火曜
1973年創業、ステーキや焼肉、BBQ用の肉が買える精肉店。地元のブランド肉はLYB豚のほか、ヨーグル豚も取り扱う。毎週金曜は揚げ物がお得！

夜景を見下ろす「100万だらぁ～サイト」（区画）

“100万ドル級”の夜景が広がる

フリーサイトから見える富士山

のんびり気持ちいい

上／森林内にあるハンモックサイト　左／薪・炭のほか薪割り台も販売。1台1000円～

12 富士見の丘オートキャンプ場

タイプ／高原　サイト／芝・砂利・瓦チップ

フリー　区画　電源　オート　バンガロー　直火　ペット
炊事場　給湯設備　風呂　シャワー　洗濯機　水洗トイレ　WiFi

予約方法／ウェブ
料金／区画サイト6600円～、フリーサイト5000円～（バイク・徒歩・自転車4000円～、平日ソロ3500円～）

敷地面積は約2万坪、テント170張が可能な大型オートキャンプ場。富士山を望める敷地内は区画、フリー、野営直火、ハンモックサイトがあり、人気の「100万だらぁ～サイト」からは眼下に富士・沼津の街並みや夜景を一望できる。夜空に輝く星を眺める冬場は特にオススメだ。場内は風通しが良く、市街地より4度ほど気温が低いため夏でも涼しく過ごせる。ただし、春秋は寒暖差が10度近く開くこともあるので要注意。雷が鳴ったらすぐに車に避難しよう。区画サイトは瓦チップで水はけも抜群。一段下のサイトは共用設備からやや離れることもあり格安で利用できる。

DATA 富士市大淵1297／☎090-3003-0100／**営**通年／**休**なし（荒天時は休み）／**IN**12：00～18:00（フリーサイト11：00～）／**OUT**12：00（フリーサイト11：00）／**サイト数**160／**交通**新東名新富士ICから車で10分／**ゴミ**処理券購入の上、分別で引き取り／https://reserva.be/fujimicamp

おいしい情報》 週末は場内にキッチンカーが登場！ビール、唐揚げ、チーズなどが販売される。

富士山の溶岩と広葉樹を満喫

木々に囲まれた静かなテントサイト

少年自然の家で受け付けをしてからキャンプ場へ

富士山麓の自然がいっぱい

可憐な姿のササユリ。野鳥や昆虫も多く見られる

広々とした炊飯棟

13 丸火自然公園グリーンキャンプ場

タイプ／林間　サイト／土・砂利

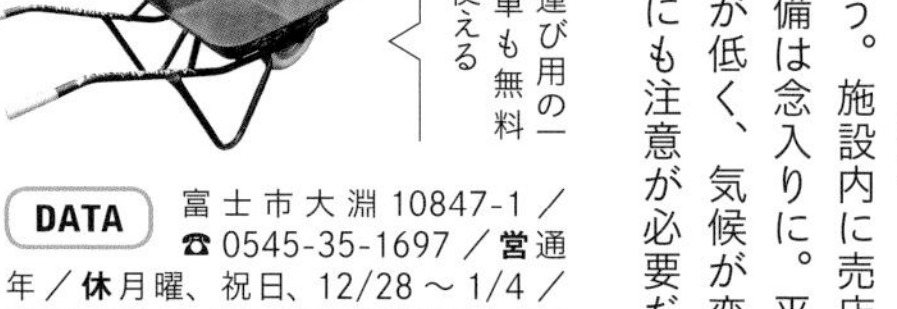

予約方法／キャンプ場予約サイト「なっぷ」
料金／テントサイト 1000 円（5 人まで）

富士山の南麓の標高500〜650mに位置する富士市立丸火自然公園。その園内にあるキャンプ場には、富士山の溶岩と木洩れ日が心地よい広葉樹の木々が広がっている。サイト同士が離れているため、周囲を気にすることなく、自分だけの空間を楽しめるのが特長。グループで複数サイトを利用する場合は、区画間が近い「仲良しサイト」がオススメだ。ペットもOKだがリードは必ず付けよう。施設内に売店はないので準備は念入りに。平地よりも気温が低く、気候が変わりやすい点にも注意が必要だ。

荷運び用の一輪車も無料で使える

DATA 富士市大淵 10847-1／☎ 0545-35-1697／**営**通年／**休**月曜、祝日、12/28〜1/4／**IN**11：00〜16：00／**OUT**11：00／**サイト数** 35／**交通**新東名新富士 IC から車で 20 分、東名裾野 IC から車で 40 分／**ゴミ**原則持ち帰り。ゴミ袋販売分（1枚 100 円）は引き取り／ https://www.fuji-marubi.jp

おいしい情報 》 車で 15 分の場所にある JA の直売所「大渕ふる里村」には地元の野菜や果物がずらり。6・7 月は甘さとコクのある「富士山麓わくわくコーン」、8・9 月はゆでておいしい落花生「富士のらっかしょ」が人気。

テントサイトの広さは 6m × 6m

駿河湾や富士市街を一望!

あずまやでのんびり

休憩所からの眺めも最高

リニューアルに伴い場内の道も整備

14 野田山健康緑地公園 富士川キャンプ場

タイプ/高台　サイト/芝・土

フリー　区画　電源　オート　バンガロー　直火　ペット
炊事場　給湯設備　風呂　シャワー　洗濯機　水洗トイレ　WiFi

予約方法/ウェブ
料金/テントサイト 4000 円、オートサイト 8000 円(車両 1 台分込み)、ソロキャンプはサイト利用料 1000 円引き、車両入場料 1000 円(バイク 500 円)

野田山健康緑地公園内のキャンプ施設が、2021年8月にリニューアルオープン。高台のサイトからは駿河湾や富士市街を一望でき、夜は夜景も楽しめる。スタッフが常駐する管理棟も新設し、安心感もアップ。売店で薪や炭、カセットボンベなども購入可能だ。ただしレンタル品はないので、準備は万全にして出かけよう。テントサイト、オートサイトともに場所は当日受付順。入浴は富士山が見えるスーパー銭湯・湯らぎの里(車で30分)がオススメ。

6基のかまどがある炊飯棟

DATA 富士市中之郷 4482-141 /☎なし/**営**通年/**休**不定/**IN**12:00 ~ 17:00 / **OUT**11:00 / **サイト数** 37 /**交通**東名富士川スマート IC から車で 15 分/**ゴミ**引き取り(ゴミ袋 1 枚 100 円)/ https://fujikawa-camp.jp

おいしい情報 車で約 15 分、道の駅「富士川楽座」に行けば、地元の農家が作る新鮮な農産品など、地場産品が購入できる!

オススメ！ 富士宮エリアの買い出しスポット

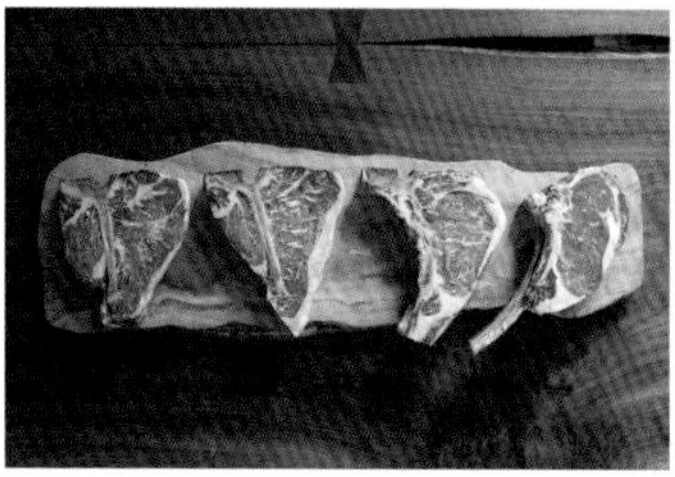

極上の赤身肉が味わえるドライエイジングビーフ（L ボーンステーキ 100g1404 円〜）

〈肉匠 さの萬《まん》〉

旨味が凝縮！「ドライエイジングビーフ」

大正 3 年創業の老舗精肉店。乾燥熟成させた「ドライエイジングビーフ」は、風と菌をコントロールすることで牛肉の旨味を凝縮。牛種ごとに熟成法を変え、柔らかくジューシーな味わいを作り出す。萬幻豚スペアリブ、ぐるぐるウィンナーなど BBQ 向けの商品も充実！

DATA 富士宮市宮町 14-19 ／☎ 0544-26-3352 ／**営** 10：00 〜 18：30 ／**休**水曜、木曜不定休

〈富士山 岡村牧場〉

現地でしか手に入らない「富士山岡村牛」

岡村牧場が毎月開催する販売会でのみ買えるレアな銘柄牛「富士山岡村牛」。臭みがなくさっぱりとした味わいで、サーロインはもちろん、ミスジ、イチボなどの希少部位を含む全部位が手に入る。顔の見える関係を大切にしているため、現地で連絡先を交換して購入を。

DATA 富士宮市人穴 137-318 ／☎ 0544-52-3668 ／**営** 9：00 〜 16：00（毎月第 1 日曜の前日から 1 週間限定で販売）

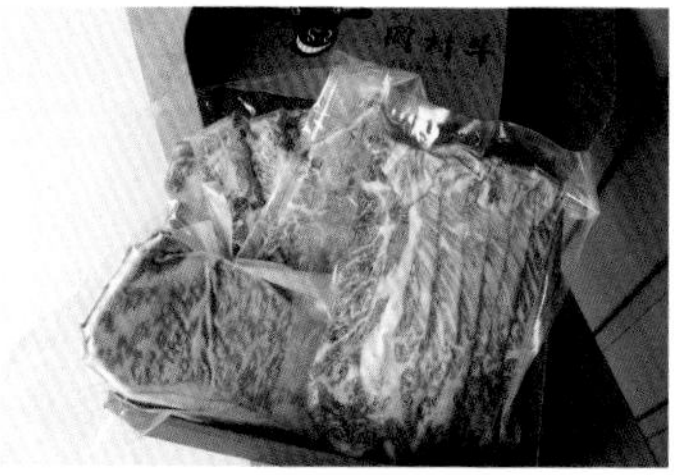

価格は 100g1000 〜 1500 円程度。燻製ジャーキーや生ハムなども買える

精肉のほか、甘みとコクのある富士の卵（6 個入り 280 円）も販売

〈チキンハウス 青木養鶏場〉

スモークにぴったりな「富士の鶏」

徹底した品質管理のもと、飼育から加工、販売まですべてを自社で行う鶏肉の生産直売店。米主体の飼料で育てる鶏は爽やかな味わいで、低脂肪、低コレステロール、高タンパク。やわらかくジューシーな「富士の鶏」（モモ肉 260g470 円前後）はスモークがオススメ。

DATA 富士宮市宮原 541-5 ／☎ 0544-58-3298 ／**営** 9：30 〜 17：30 ／**休**火曜

〈富士養鱒場内
富士養鱒漁協直営釣り場〉

富士宮の名産・ニジマス釣りに挑戦！

生産量日本一を誇るニジマスが手に入る、猪之頭公園内にある釣り場。富士山の湧き水で育てたニジマスは臭みがなく、刺身でも美味。釣った魚は持ち帰って、塩焼きにして味わおう！

DATA 富士宮市猪之頭 579-2 ／☎ 090-3560-0243 ／**営** 9：00 ～ 16：00 ／**休**火曜（祝日営業、翌日休）、12/29 ～ 1/3 ※夏休みは無休

体験料金は一竿 1800 円（別途観覧料が必要）、内臓処理のサービスもあり

〈風岡たけのこ園〉

タケノコの丸焼きを豪快に味わおう！

タケノコ生産農家が営む農産物直売所。3 ～ 4 月に旬を迎える孟宗竹（もうそうちく）は、皮つきのまま真っ黒になるまで丸焼きにし、縦半分に切り、塩を振って召し上がれ。5 ～ 6 月の淡竹（はちく）や真竹（まだけ）のゆでタケノコは、カレーや富士宮焼きそばの具材に活用できる。

DATA 富士宮市長貫 1120 ／☎ 0544-65-5005 ／**営** 9：00 ～ 18：00 ／**休**不定（タケノコシーズン中は無休）

〈JA 富士宮ファーマーズマーケット
う宮～な〉

県下最大級！何でもそろう食材の宝庫

県内最大級の売り場面積を誇る大型農産物直売所。富士宮産の野菜や果物をはじめ、銘柄豚肉や鶏肉のほか、地元漁協と提携する鮮魚コーナーでは魚介類を販売。調味料、酒類もそろい、朝霧高原や山梨方面に出かけるキャンパーも立ち寄る人気店だ。

DATA 富士宮市外神 123 ／☎ 0544-59-2022 ／**営** 8：30 ～ 17：00 ／**休**火曜（祝日営業）・年末年始

キャベツやトウモロコシ、サツマイモなど季節ごとに旬の野菜が並ぶ

女性からの人気も高いモッツァレラヴルスト（4 本入り 700 円）

〈グロースヴァルト SANO〉

こだわりソーセージでドイツ流の BBQ を

本場ドイツのコンテストで優勝した経験もある自家製ハム・ソーセージの店。人気はドイツのモッツァレラチーズを練り込んだ金賞受賞の「モッツァレラヴルスト」。キャンプで楽しむならドイツのスパイスと塩で味付けした「デコレーションミート」もオススメ！

DATA 富士市南松野 2066-1 ／☎ 0545-85-2208 ／**営** 9：00 ～ 18：00 ／**休**火曜

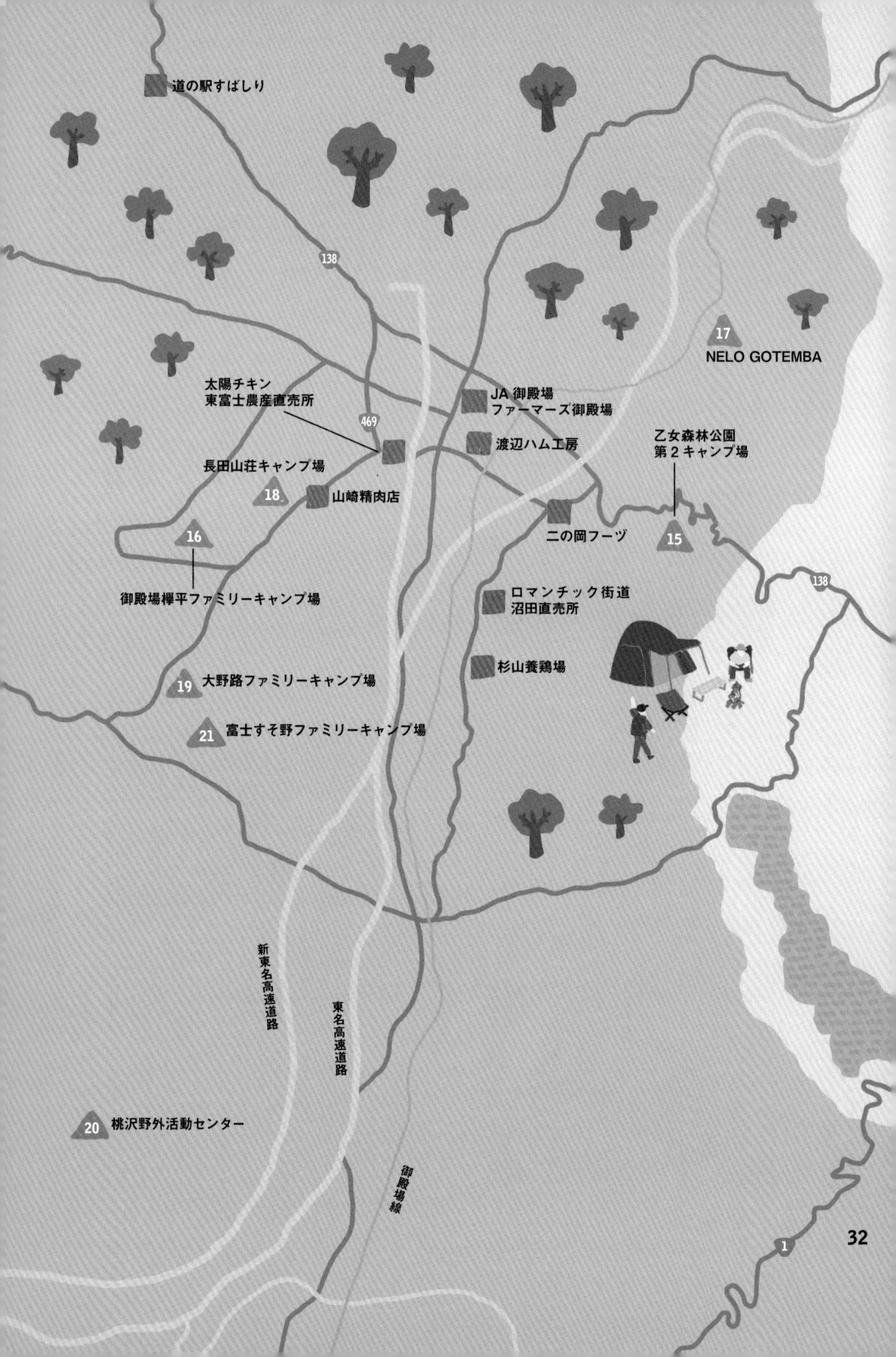

道の駅すばしり
138
NELO GOTEMBA
17
太陽チキン
東富士農産直売所
JA 御殿場
ファーマーズ御殿場
469
渡辺ハム工房
乙女森林公園
第２キャンプ場
長田山荘キャンプ場
18
山崎精肉店
16
二の岡フーヅ
15
138
御殿場欅平ファミリーキャンプ場
ロマンチック街道
沼田直売所
杉山養鶏場
19
大野路ファミリーキャンプ場
21
富士すそ野ファミリーキャンプ場
新東名高速道路
東名高速道路
20
桃沢野外活動センター
御殿場線
1

御殿場エリア

[Gotemba Area]

雄大な富士を間近に望む御殿場エリアは、首都圏からも近いため家族向けのキャンプ場が目立つ。周囲にはハム、ソーセージ、ベーコンなど、加工肉の製造を手がける専門店が多く、キャンプごはんのメインを張れる食材が充実している。

コテージ（全 11 棟）から望む雄大な富士山！

15

乙女森林公園
第 2 キャンプ場

タイプ／林間　サイト／砂利・スコリア

フリー　区画　電源　オート　バンガロー　直火　ペット

炊事場　給湯設備　風呂　シャワー　洗濯機　水洗トイレ　WiFi

予約方法／電話（予約日 3 カ月前の月初以降、8：30 ～ 17:00 受付）・ウェブ（予約日の 80 日前以降）
料金／オートサイト 5230 円、コテージ 16750 円～

箱根外輪山にある静かなキャンプ場で、各サイトからは富士山と御殿場市街を一望できる。夜になれば降るような星空と夜景が広がり、その抜群のロケーションはファミリーからソロまで多くのキャンパーに支持されている。

サイトは植え込みで仕切られ、AC電源・水道・ベンチのほか、地下水を汲み上げる専用の水道まで付いている。地面は砂利とスコリアのため水はけが良く、天候をさほど気にせずキャンプを楽しめるのも魅力。徒歩5分圏内に温泉施設もあるので、アウトドア初心者も快適に1日を過ごせる。

場内ではキャンプ料理のセットなども販売され、5日前までに予約すれば当日購入が可能。売店にはジュースや御殿場高原ビール、地酒などもあるので、買い出しに行く手間が省けて便利だ。炊事棟横にはピザ窯もあるので、アツアツのピザを焼くこともできる（要予約・無料）。

季節や時間で変化する絶景を望む

きらめく夜景が眼下に広がるのもここならでは

緑に囲まれた爽やかなオートキャンプサイト

左／ピザ窯で自家製ピザ作りにチャレンジ！　右／清潔感のある炊事場

BBQコンロ、ダッチオーブン、焚き火台などのレンタル品も豊富だ。

キャンプ場から歩いて行ける展望台からも、雄大な富士山が眺められる。季節ごとに訪れれば、違った表情の富士山を楽しめるだろう。

レンタル品も豊富な売店

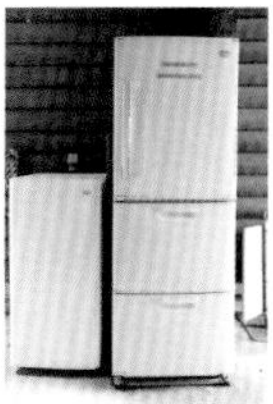

食品を保管できる冷蔵庫もあって便利

DATA　御殿場市深沢 2696-2 ／☎ 0550-82-7870 ／**営**通年／**休**月曜（祝日は営業で翌日休み。GW、7～9月、年末年始は無休）／**IN** 13:00～（コテージ 14：00～）／**OUT**11：00 ／**サイト数** 24 ／**交通**東名御殿場 IC から車で 10 分／**ゴミ**持ち帰り（分別すれば有料で引き取り）／ http://gotemba-otome.jp

おいしい情報　場内で注文できる食材は、国産牛サーロインステーキ（200g2700 円）や沼津直送干物セット（2160 円）、施設内で焼けるピザ 2 枚セット（2700 円）など種類豊富！（5 日前までに要予約）

裸足で芝生を走り回ろう！

きれいな芝生で
快適に過ごせる
緑がいっぱい！

林の中にあるログハウス

炊事棟の隣にはBBQ棟も

場内は車の乗り入れも可能

16 御殿場欅平《けやきだいら》ファミリーキャンプ場

タイプ／高原　サイト／芝

フリー　区画　電源　オート　バンガロー　直火　ペット
炊事場　給湯設備　風呂　シャワー　洗濯機　水洗トイレ　WiFi

予約方法／電話
料金／1家族（大人2名・子ども3名）5500円、ログハウス（4人まで）7500円～

夏でも湿度が低く、風通しの良いのが魅力。3つのエリアが緩やかな段差で区切られ、隅々まで手入れの行き届いた全面芝生のサイトが心地よい。場内にはチョウやトンボなどが飛び交い、虫取り網を片手に駆け回る子どもたちの姿も。オーナーの勝間田さん夫妻が管理棟に24時間常駐しているから、子連れのファミリーやグループも安心だ。きれいな芝生を守るため、コンロは芝生から70㎝以上離し、ブロックや木の台の上にのせて使おう。家族利用が多いので22時以降は消灯を。

売店には薪やレンタル品のほか漫画もある

DATA 御殿場市印野696-1／☎0550-88-3575／**営**4～11月／**休**月～金曜／**IN**13：00／**OUT**11：00／**サイト数**30／**交通**東名御殿場ICから車で20分／**ゴミ**引き取り（要分別）

おいしい情報 歩いて約2分の「印野いも掘園」は9～10月にサツマイモの収穫体験ができる！

家族やペットと芝生でくつろぐ

開放感たっぷりの芝生サイト

テントの設営もおまかせ！（別途 1000 円）

ウォシュレットを完備した快適なトイレ

ようこそ！

北海道出身の管理人・岡田新一郎さん

17 NELO GOTEMBA 〜 CAMP SITE 〜

（ネロゴテンバ キャンプサイト）

タイプ／高原　サイト／芝

フリー　**区画**　電源　オート　バンガロー　直火　**ペット**

炊事場　**給湯設備**　風呂　シャワー　洗濯機　**水洗トイレ**　WiFi

予約方法／ウェブ（前日までに予約）
料金／サイト料金 1100 円〜（平日)、2750 円〜（休日前）+入場料 2200 円（小学生以下・犬 1100 円）

２０１９年７月にオープンしたファミリー向けキャンプ場。サイトは１区画約１３０㎡あり、４人家族ならタープとテントを張っても十分なスペースを確保できる。ウォシュレット付きトイレや、給湯設備を整えた炊事場など、水回りが清潔なのも子連れにはうれしい。ドッグラン（受付別）を隣接しているから、愛犬と一緒に遊びたい人にもうってつけだ。有名ブランドのテント、タープ、テーブルなどのレンタル品も豊富にそろっているため、初心者も安心。冬場は薪ストーブ使用もＯＫで、年越しキャンプも盛況！

寝袋やテントなどをレンタルできる

DATA 駿東郡小山町新柴字道端672-1／☎非公開／**営**通年／**休**不定／**IN**13：00〜17：00／**OUT**11：00／**サイト数** 19／**交通**東名足柄スマートIC から車で 5 分／**ゴミ**引き取り（1 サイト 500 円）／https://challengeoutdoor.co

おいしい情報 》 車で 10 分の「ミートプロ鈴木」は地元の人に愛されているお肉屋さん。本格 BBQ の食材を買うならココ!

手作りの遊具で思い切り遊ぼう！

ロッジの使用料は1棟5000円

ゆっくりくつろげる高台の第2サイト

第3サイトからは富士山が望める

18

長田《おさだ》山荘キャンプ場

タイプ／林間　サイト／芝

フリー　区画　電源　オート　バンガロー　直火　ペット
炊事場　給湯設備　風呂　シャワー　洗濯機　水洗トイレ　WiFi

予約方法／電話（8：00～17：00）
料金／大人3000円、小・中学生1500円、幼児無料

富士山須走口にある山小屋「長田山荘」直営のオートキャンプ場。オーナーの長田清一さんを筆頭にチームワーク抜群の家族で切り盛りする。6つのエリアに分かれたフリーサイトは、水はけの良い芝生でゆったりテントを張れるのが魅力。人数や区画にとらわれず、グループや50人以上の団体にも対応する。ブランコ、ターザンロープなど手作りの遊具や、サッカーゴールの貸し出しもあり。ペットの同伴は応相談。チェックアウトが午後4時なので、自然の中で思いっきり遊ぼう。

オーナー手作りの薪は500円～

DATA 御殿場市板妻511／☎090-8324-6746／**営**通年／**休**不定／**IN**9：00～15：00／**OUT**16：00／**サイト数**150／**交通**東名御殿場ICから車で20分／**ゴミ**引き取り（可燃物、ペットボトル、空き缶のみ）／https://osadacamp.wixsite.com/osadacamp

おいしい情報　車で10分以内のエリアに「山崎精肉店」「ミートショップ富士竹」「武藤精肉店」など、味に定評のある地元のお肉屋さんが豊富。

芝生が広々！オートキャンプ発祥の地

春には桜も楽しめる

子どもが遊べるアスレチック

キャンプ客の温泉利用は大人600円、2歳〜小学生400円

冬は白富士の
景色を堪能

19

大野路《おおのじ》ファミリーキャンプ場

タイプ／高原　サイト／芝

フリー　区画　電源　オート　バンガロー　直火　ペット

炊事場　給湯設備　風呂　シャワー　洗濯機　水洗トイレ　WiFi

予約方法／電話
料金／普通サイト5500円、AC電源サイト6300円、トレーラー・ロッジ10500円 ※レギュラーシーズン料金

富士山すそのパノラマロード沿いにあり、日本初のオートキャンプ場として有名。美しい芝生が広がる場内は、アスレチック、パターゴルフ、釣り堀などアクティビティーが充実していて、子連れ家族も安心して楽しめる。敷地内の旅館「巻狩の宿」の日帰り温泉が利用できるのもうれしい。売店で手に入る「須山うどん」は地元の名物なのでぜひ味わってみて。ペットはフリーサイトのみOK。きれいな芝生を保つため、やさしい運転を心掛け、焚き火台使用時は無料貸し出しの防火板などを利用しよう。

薪・炭が買える売店。シュラフ・毛布のレンタルも

DATA 裾野市須山2934-3／☎055-998-1567／**営**通年／**休**不定／**IN**10：10（AC電源サイト12：00）／**OUT**15：00（トレーラー・ロッジ10：00、AC電源サイト12：00）／**サイト数**250／**交通**東名裾野ICから車で10分／**ゴミ**引き取り／http://oonoji.co.jp

おいしい情報》 車で10分の「サンサンクック保土沢店」は食肉卸経営のスーパー。上質の肉を買うならここへ！

手軽に楽しむ本格アウトドア施設

＼BBQのお供に！／

自社醸造した富士山の湧水仕込みのクラフトビールも販売

センターから少し離れた工芸村で陶芸や木工の体験もできる

手軽に焚き火が楽しめる専用スペース「焚き火フォレスト」（3時間2000円）

TAKIBI FOREST 焚き火の森

20

桃沢野外活動センター

タイプ／林間　サイト／土

フリー　区画　電源　オート　バンガロー　直火　ペット
炊事場　給湯設備　風呂　シャワー　洗濯機　水洗トイレ　WiFi

予約方法／キャンプ場予約サイト「なっぷ」・電話
料金／基本料（テントサイト1000円〜、スクエア6000円、コテージ12000円〜）＋利用料（大人2000円、高校生以下1000円、3歳以下無料）

地元の建設会社が企画から施行まで手掛けた人気施設として話題のキャンプ場。場内を流れる川のせせらぎを聞きながら、美しい星空を眺めるひとときは格別だ。スクエアテントサイトにある焚き火台のティピーも雰囲気満点。光嶋裕介氏デザインによるコテージは、室内にいながら大きな空と自然を間近に感じられる。場内には川や遊具広場があり、薪割り体験もできるのでキッズも満足。炊事棟には大谷石製のピザ窯もある。サウナ完備、水回りも清潔で女子やソロキャンパーにも好評だ。

「無料で使えるピザ窯で、野菜を焼くのもオススメ」とスタッフの福士さん

DATA 駿東郡長泉町元長窪895-108／☎055-987-5100／**営**通年／**休**12/28〜1/4／**IN**13：00（スクエア・コテージ15：00）／**OUT**11：00（スクエア・コテージ10：00）／**サイト数**10／**交通**新東名長泉沼津IC・東名沼津ICから車で15分／**ゴミ**持ち帰り（1500円で引き取り）／https://www.momozawa.fun

おいしい情報 》 車で10〜20分圏内にあしたか牛・サーロインステーキが絶品の「横山精肉店」や、食通をうならせる目利きの店「後藤精肉店」がある。沼津ぐるめ街道で買える干物もオススメ。

21

全面芝で開放感たっぷり

富士すそ野ファミリーキャンプ場

予約方法／ウェブ
料金／電源なしサイト 8000 円、電源付きサイト 9000 円

DATA 裾野市須山字大野 2653 ／☎ 055-998-1514 ／**営** 3月中旬～ 11 月下旬／**休**不定／ **IN** 9：00（繁忙期 12：30）／ **OUT**12：00 ／**サイト数** 33 ／**交通**東名裾野 IC から車で 7 分／**ゴミ**引き取り（ペットボトル・ビン持ち帰り）／ http://www.fsfc.jp

全面手入れされた芝生サイトは1区画200㎡と広く、ゆとりのあるキャンプが満喫できる。1サイトにつき家族5人と車1台、テント・タープは4張までが条件。一輪車の無料レンタルやピザ窯体験など、子連れにうれしいサービスも充実している。女性専用の化粧室もあり、家族風呂も要予約で利用できる。近くに日帰り温泉「ヘルシーパーク裾野」もあって便利。

タイプ／**高原**　**サイト**／**芝**

22

上／富士山を眺めながら過ごせるセットアップテントサイト　右／デッキ付きのコテージ（IN14：00、OUT11：00）

PICA 富士ぐりんぱ

予約方法／ウェブ
料金／テントサイト 2400 円、セットアップテントサイト1人 3800 円～、コテージ1人 4700 円～ ※ペット別料金

DATA 裾野市須山字藤原 2427 ／☎ 0555-30-4580（PICA ヘルプデスク）／**営**通年（冬季一部クローズあり）／**休**火・水曜／ **IN** 13：00 ～ 19：00 ／ **OUT**12：00 ／**サイト数** 134 ／**交通**東名御殿場 IC から車で 30 分／**ゴミ**一部引き取り／ https://www.pica-resort.jp/grinpa

標高1200m、富士山を目の前に望む。開放感のあるテントサイトや各種コテージ、あらかじめテントがセットされたサイトなど、好みのスタイルで楽しめる。「遊園地ぐりんぱ」に隣接しているため、ファミリーにもぴったり。可愛らしいシルバニアファミリーのコテージもある。晴れた夜は頭上に広がる星空ウォッチを楽しもう。

タイプ／**高原**　**サイト**／**芝・土**

オススメ！御殿場エリアの買い出しスポット

キャンパー向けの BBQ セットが手に入る

〈渡辺ハム工房〉

肉・ハムたっぷり！グリル付きセットが人気

「ふじやまプロシュート」で有名なハム工房。ソロキャンセット（5000 円）は、肉・ハムの盛り合わせに加え、使い切りコンロ「クラフトグリル」も付いてくる。BBQ なら無添加ソーセージ、タン塩、牛カルビ、ハムならドライサラミ、パテドカンパーニュなど具材はお好みで。

DATA 御殿場市川島田 661 ／☎ 0550-82-0234 ／**営** 9：00 ～ 18：00 ／**休**日曜

〈山崎精肉店〉

キャンプで味わう新鮮な馬刺し！

看板商品の馬刺しはすべて国内産。自家処理するため新鮮でクセがなく食べやすいと評判だ。ショウガとニンニク醤油でカルパッチョにして、ワインと合わせるのも美味！稀少な御殿場純粋金華豚は焼き肉用や味噌漬けのほか、ベーコンや焼き豚などの加工品も並ぶ。

DATA 御殿場市板妻 114-1 ／☎ 0550-89-1229 ／**営** 8：30 ～ 18：00 ／**休**火曜（第 4 週は月曜も休み）

御殿場名物の一つである馬刺し（特選）2 人前 200g1640 円

食肉産業展のコンテストで最優秀賞を受賞したブランド鶏。丸鶏は 1kg 1100 円

〈太陽チキン 東富士農産直売店〉

食肉コンテスト日本一の「太陽チキン」

食肉コンテスト日本一の「太陽チキン」は抗生剤不使用の特製飼料を与え、通常の 1.5 倍の期間で育てるためうま味は格別。店では精肉、ハムやスモークなどが買える。キャンプなら下味を付けた丸鶏を、ビールを半分残した缶に差し込んで焼く「ビア缶チキン」がオススメ！

DATA 御殿場市川島田 1479-1 ／☎ 0550-89-3144 ／**営** 8：30 ～ 17：30（土曜は 10：00 ～ 15：00）／**休**日曜

〈杉山養鶏場〉

地場野菜やスイーツも!「さくら玉子」直売所

純国産鶏ゴトウさくらは特別配合飼料と富士山の湧水で育ち、生食にも安心な「さくら玉子」を産む。人気の「三分咲き」はこんもり濃厚ながら後味スッキリ。「今日の大玉」は黄身が２つ入っていて盛り上がること間違いなし！地元農家の朝採れ野菜やプリンもある。

DATA 御殿場市二子 84-1-1 ／☎ 0550-87-1727 ／**営** 8：30 ～ 18：00 ／**休**なし

中サイズのさくら玉子五分咲き（10 個入り 275 円）

富士金華豚ウィンナー（600 円）や焼肉お得セットなど特産物がいっぱい

〈道の駅すばしり〉

三島西麓野菜&銘柄肉ソーセージがずらり

東富士五湖道路須走 IC すぐ、富士登山や観光の拠点に便利な道の駅。馬鈴薯やタマネギなどの三島西麓野菜や、ごてんばこしひかり、富士湧水ポークのボロニアソーセージ、富士金華豚のフランクフルトなどキャンプや BBQ にぴったりな地元の食材がいっぱい！

DATA 駿東郡小山町須走 338-44 ／☎ 0550-75-6363 ／**営** 9：00 ～ 20：00（季節により変動）／**休**なし

〈JA 御殿場 ファーマーズ御殿場〉

アレルギーに対応! 地元素材で作るカレー粉

JA 御殿場の農産物直売所。地元生産者が作る朝採れの農産物や総菜などが並ぶ。キャンプでカレーを作るなら野菜とともに「ごてんばこめこカレー粉」を買ってみて。地元産の米粉で作るカレー粉で、アレルギー特定原材料7品目不使用なので、子どもにも安心だ。

DATA 御殿場市ぐみ沢 5 ／☎ 0550-81-1831 ／**営** 9：00 ～ 18：00 ／**休**水曜・年始

ごてんばこしひかりを使った「ごてんばこめこカレー粉」400 円

ブルーベリーや旬の野菜、近隣の特産などが並ぶ

〈ロマンチック街道 沼田直売所〉

新鮮な地場野菜! 山梨直送の朝採れ果物も

生産者登録数 140 名の農産物直売所。毎朝、地元農家が作る新鮮野菜が運ばれてくる。銘柄米「ごてんばこしひかり」を安く購入できるのも魅力。山梨直送のトウモロコシやモモ、ブドウを目当てに訪れる客も多い。売り切れることも多いので早めの来店を。

DATA 御殿場市沼田 271 ／☎ 0550-78-6473 ／**営** 9：00 ～ 15：00 ／**休**なし

御殿場エリアの逸品
IPPIN

【ハム・ベーコン】

アメリカ村仕込みの燻製の香りと極上の味

ボロニアソーセージ（100g238円）
豚モモ肉と肩肉を使い、子どもから年配まで楽しめるやさしい味

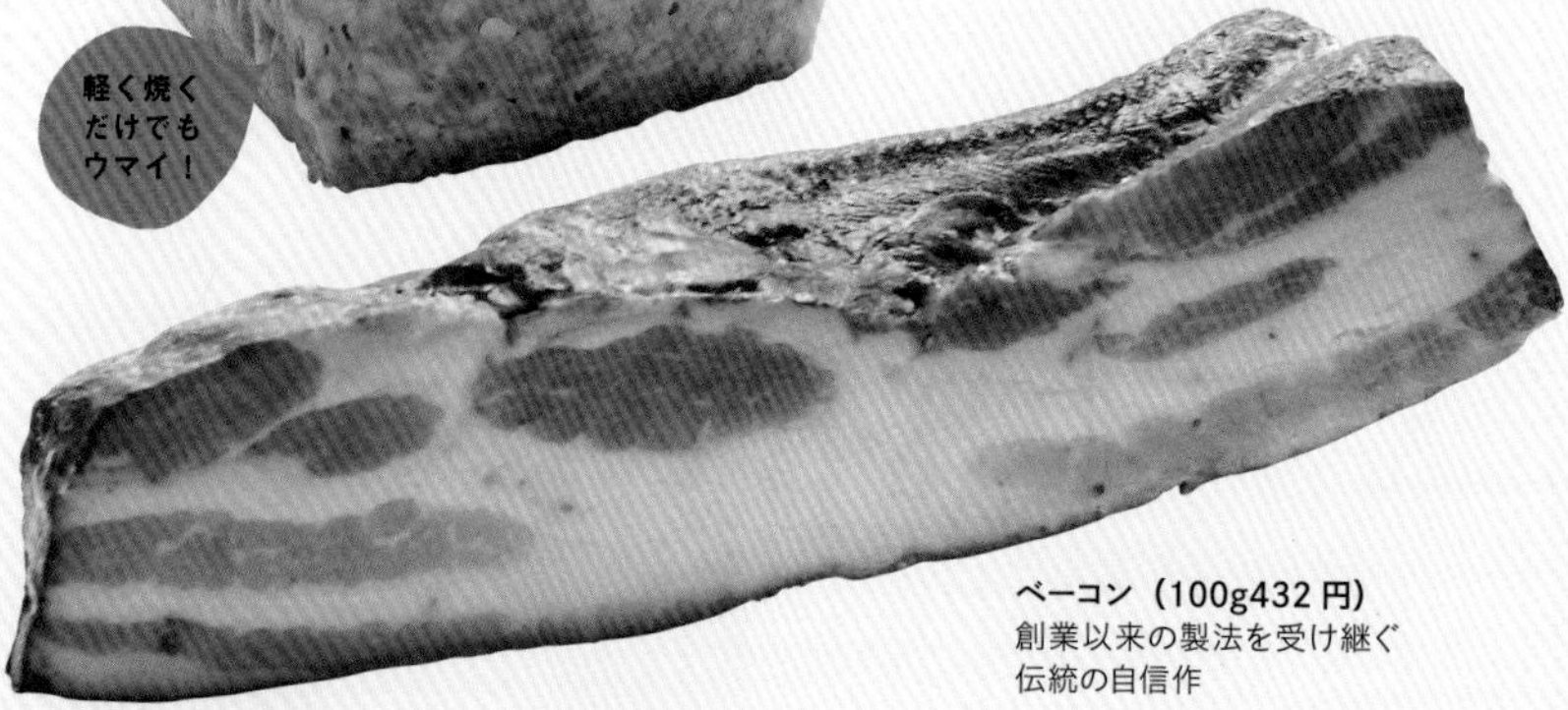

ベーコン（100g432円）
創業以来の製法を受け継ぐ伝統の自信作

有限会社 二の岡フーヅ

御殿場市東田中1729／☎0550-82-0127／営9：00～18：00／休火曜（12月中、祝日を除く）
地元はもちろん、首都圏からの常連も多い老舗のハム・ソーセージ店。伝統の味わいを守り続ける御殿場屈指の名店。

御殿場にはハム・ソーセージを販売する店が点在するが、その由来は戦前まで遡る。明治24年、一人の外国人が二の岡の地に別荘を建てたことをきっかけに、多くの米国人が移り住み、アメリカ村がつくられた。そんな中、居住者の宣教師ボールデンは布教活動の傍ら、地元の人々に養豚やハム・ソーセージなどの製法を伝授。これが現在も続く「二の岡ハム」の原点であり、多くの精肉店でハムが作られるルーツとなった。

そんな伝統の味を受け継ぐ二の岡フーヅのハム・ソーセージはすべて手造り。天竺木綿で丁寧に巻かれ、薪で燻されたハムは極上の香りと風味を楽しめる。特に手巻き仕立てのロースハムは肉のうま味が凝縮され、ステーキにすると美味。燻製の香り豊かなベーコンは厚切りにしてベーコンエッグやポトフにするのもよし、スライスしてサンドイッチにするもよし。アメリカ村仕込みの味をキャンプで堪能しよう。

しずおかキャンプレシピ帳②

海のごはん

港で手に入れた新鮮な魚介を、
ちょっぴり豪華なコース仕立てに。
太陽の光をいっぱいに浴びて育った果実を、
デザートに添えて。

ロケ地／キャンプ黄金崎

海苔のアヒージョ

材料（2人分）

生海苔（乾燥岩海苔でも可）…大さじ 3
エノキ…1袋　シラス…大さじ4
ニンニク…2かけ　鷹の爪 …1本
オリーブオイル …200cc　塩…適量

作り方

1_ 小さめのスキレットにみじん切りしたニンニクとオリーブオイル、鷹の爪を入れ、弱火にかけて香りを出す
2_ ほぐして縦半分に切ったエノキを入れ、油に小さな気泡がでたらシラスと海苔を入れる
3_ 塩で味を調整する

PETERPAN
CAMPERS

超カンタン！

POINT
シラスには塩気があるので最後の塩加減に気を付けて。代わりにタラコや生のサクラエビを入れてもおいしいよ。

干物の燻製生春巻

材料（4人分）

干物（アジ・カマス・タイなど）…2尾
生春巻の皮…4枚　キュウリ…1/2 本
ニンジン…1/3 本　紫キャベツ…3枚
シソ…4枚　サニーレタス…5 ～ 6 枚
スイートチリソース（またはマヨネーズ）…適量

作り方

1_ 干物を焼き、軽く燻製した後、冷まして骨や皮を取り除き、ほぐす
2_ キュウリを縦に切って 8 等分する。ニンジン、紫キャベツは千切り、シソは茎を切る
3_ 清潔な布巾を濡らし、固く絞って開く。平らな皿に水を張り、生春巻の皮をくぐらせて布巾の上に置く
4_ 1.2 の具材を4等分する。生春巻の皮の手前中央にサニーレタスを置き、具材をのせたら両端を織り込んで手前から一気に巻く
5_ 半分にカットし、スイートチリソースまたはマヨネーズを添える

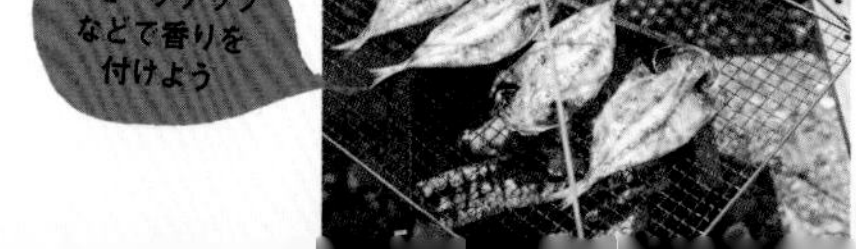
スモークチップ
などで香りを
付けよう

キンメダイのアクアパッツァ

材料（4人分）

キンメダイ…1 尾
アサリ… 12 個　ミニトマト… 8 個
マッシュルーム… 4 個
ピーマン… 2 個　パプリカ…1/ 3個
オリーブ… 8 個
ハーブ（バジル・パセリなど）…適量
白ワイン…50cc　水…1/2 カップ
塩…適量　コショウ… 適量
ニンニク…1かけ
オリーブオイル…適量

作り方

1_ ミニトマトとマッシュルームを半分に切り、ピーマンとパプリカはタネを取って乱切りにする
2_ キンメダイの内臓と鱗を取り、塩・コショウで下味をつける。フライパンにオリーブオイルと、みじん切りしたニンニクを入れ、香りが出たらキンメダイを入れて両面をしっかりと焼く
3_1 の野菜とアサリ、オリーブ、白ワインを加える。アルコールが飛んだら、水を加える
4_ 蓋をして 10 分ほど煮込み、魚に火が通りアサリの殻が開いたら、味見して塩で調整する
5. 仕上げにみじん切りしたハーブを振る

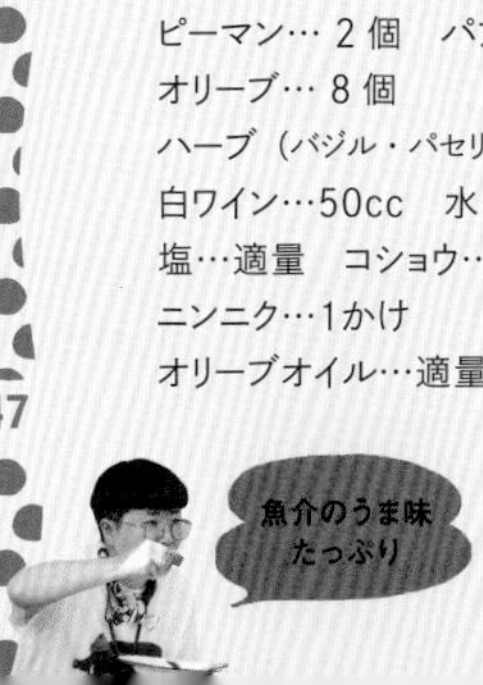

POINT キンメダイは切り身でもOK。焼く時は焦げ目が付くまであまり動かさないのがコツ。

伊勢エビのパエリア

ビールと合わせてもうまし。写真は酪農王国オラッチェ（函南町）のクラフトビール

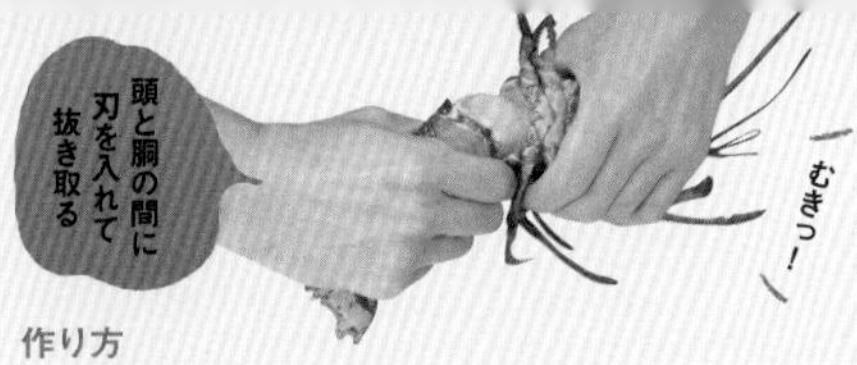

〈伊勢エビのパエリア〉

材料(2人分)

伊勢エビ…1尾　アサリ…8 個
エビ…4尾　イカ(小)…1杯
無洗米…1合　トマト缶…1/2 カップ
ニンニク…1 かけ　白ワイン…50cc
オリーブオイル…大さじ 3
水…魚介の煮汁と合わせて 500cc ～
塩…小さじ 1/2　レモン…1/2 個

A:香味野菜
ニンニク…1 かけ　タマネギ…1/ 6個
ニンジン…1/3 本　セロリ…1/2 本

B:飾り野菜
パプリカ…1/3 個　アスパラ…4本

赤くなったら
アサリをIN!

作り方

1_ 伊勢エビの頭を外し、鍋に頭と胴、ニンニク、白ワインを入れ、蓋をして3～4分蒸す。伊勢エビの色が変わってきたら、アサリとエビを入れ、アサリの殻が開くまで蒸す
2_ 1 をザルでこし、煮汁は後で使うため取っておく。伊勢エビは殻を外して、身をぶつ切りにする
3_ イカの内臓を取り、輪切りにする。フライパンにオリーブオイルを引き、みじん切りした A とイカを入れて炒める。香ばしい香りがしてきたら米を入れ、全体に油がなじんだらトマト缶を入れて半分ぐらいになるまで煮詰める
4_ 2 の煮汁、水、塩を入れ、全体をざっと混ぜて蓋をせずに煮込む(強火 5 ～ 6 分、沸騰したら弱火 7 ～ 8 分程度)
5_ 米が見えるぐらいになったら 1 の海鮮と伊勢エビの身、B の飾り野菜をのせ、蓋をして約 10 分間、弱火にかける
6_ 米が好みの硬さになったら蓋を取り、強火で米の縁がカリッとするまで加熱する。 伊勢エビの頭を飾り、好みでレモンを絞って完成

POINT
香味野菜のみじん切りは家で仕込んでくると楽チン。

ニューサマーオレンジのコンフィチュール

材料

ニューサマーオレンジ…3 個
砂糖…150g　水…400cc　レモン…1/2 個

作り方

1_ ニューサマーオレンジをできるだけ薄く輪切りにスライスし、タネを除く
2_ 鍋に水と砂糖を入れ、煮溶かす
3_ 輪切りにしたニューサマーオレンジを鍋に入れ、とろみが出るまで煮詰める
4_ 仕上げにレモンを絞り、軽く加熱して仕上げる

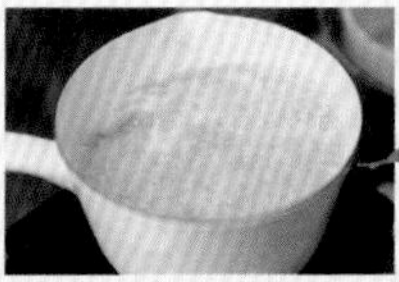
砂糖の量はお好みで

こんなスイーツに合わせると美味!

フレンチトースト(2 人分)

牛乳 200cc、卵 3 個、砂糖大さじ 3、バニラエッセンスを混ぜた液に、バゲット(または6枚切り食パン4等分)などのパンを 1 時間程度浸して、バターで両面をゆっくり焼く

マシュマロムース(4 人分)

牛乳 200cc を温め、マシュマロ 100g を溶かす。全体がきちんと溶けたら粗熱を取り、とろみが出たらカップに入れ、氷などでしっかり冷やす

山ごはん編(P85)に続く!

伊豆南エリア

[Izu minami Area]

伊豆半島の南部には、海が見えるキャンプ場がいっぱい！　海水浴はもちろん、カヤックや釣りなどさまざまなレジャーが楽しめる。漁港近くの直売所に行けば、伊勢エビやサザエ、キンメダイなどの海鮮も目白押し。地元の専門店が作るこだわりの干物も見逃せない。

25 宇久須キャンプ場
136
414
河津オートキャンプ場
31
河津七滝オートキャンプ場 30
はんばた市場
アサイミート
26
サンフレッシュ松崎店
伊豆松崎あそび島
115
34
伊豆キャンパーズヴィレッジ
414
伊豆急行線
24 雲見夕陽と潮騒の岬オートキャンプ場
23 雲見オートキャンプ場
南伊豆夕日ヶ丘キャンプ場
28
27 Camp Fantasea
121
119
136
道の駅 下賀茂温泉 湯の花
青木さざえ店
ひもの万宝
29
ぼっちの森
伊豆漁協南伊豆支所
直売所
16

富士山と海原が見える人気の D サイト

23 雲見オートキャンプ場

タイプ／高台・海辺　サイト／スコーリア（火山礫）・砂利

フリー　区画　電源　オート　バンガロー　直火　ペット
炊事場　給湯設備　風呂　シャワー　洗濯機　水洗トイレ　WiFi

予約方法／電話・メール（kumocamp@mail.wbs.ne.jp）
料金／オートキャンプ 3850 円+施設使用料（大人 1100 円、3 歳～中学生 550 円）、ソロキャンプ車 3500 円・バイク 3200 円（施設使用料込み）

民宿が立ち並ぶ雲見の町並みを横目に、国道136号から細い一本道へと進み、坂を登ること約1㎞。標高150mの山間にあるこのキャンプ場は、目の前に駿河湾を一望できる人気スポットだ。敷地の一番手前にあるDサイトは、西伊豆ならではの表情豊かな海岸線と富士山を見渡せると人気。ほかのサイトからも海が見え、天気が良ければ美しい夕陽も拝むことができる。

サイトはフラットで水はけも良い反面、地面がやや硬いのでスチールペグの使用がオススメ。管理棟には24時間スタッフが常駐しているから、困ったことがあればすぐに相談できる。オイルやガス、木炭をはじめ、調味料、カレールー、ビール、虫除けなど、一通りのグッズもそろうので買い忘れがあっても安心だ(営業8時〜20時)。給湯設備付きの炊事場も3カ所に設けられ、トイレやコインシャワーも各サイト付近に点在。子連れ

キャビンのテラスからも海が見える！

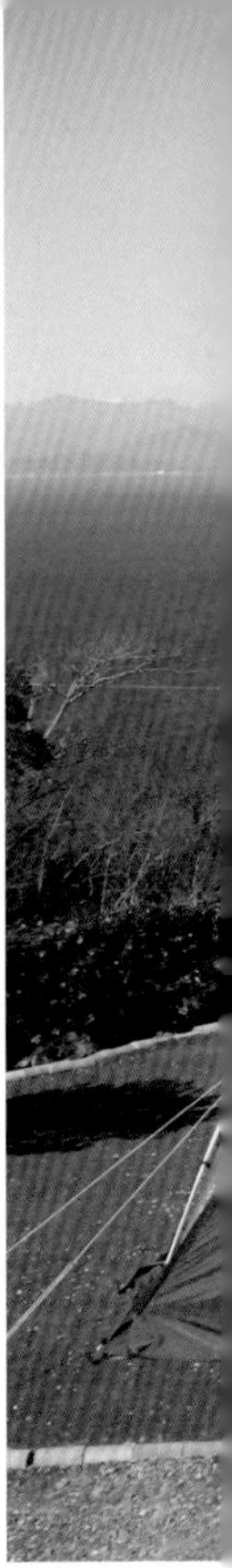

富士山と夕陽、西伊豆の魅力を満喫！

展望デッキからの眺めも美しい

左／展望風呂から眺める景色も最高！　右／給湯設備の整った水道も 23 栓ある

管理棟で薪や炭、レトルト食品などが買える

でも利用しやすい環境が整っている。

静かなキャンプ環境を目指しているため、大人グループの利用は4人までに制限。アイドリングや音楽、ラジオなどの使用はNGでペットの入場制限もあるので、希望者は事前に問い合わせを。目の前に広がる海、四季を彩る花々、小鳥のさえずりや木々のざわめき……。自然が奏でる音に耳を傾け、西伊豆の魅力を満喫しよう。

DATA 賀茂郡松崎町雲見 40-1 ／☎ 0558-45-0380 ／**営**通年／**休**なし／**IN**13：00 ～ 18：00 ／ **OUT**11：00（宿泊施設利用時 10：00）／**サイト数** 18 ／**交通**伊豆縦貫道月ヶ瀬 IC から車で 75 分／**ゴミ**引き取り／ http://www2.wbs.ne.jp/~kumo-ac

おいしい情報 フードストアあおき西伊豆店、サンフレッシュ松崎店は沼津から仕入れる魚が豊富。伊豆漁協雲見支所の伊勢エビは、解禁日の 9/15 頃が安くて狙い目！

高台から見下ろすオーシャンビュー

サイトはスチールペグがオススメ。金槌も借りられる

24

ロッジは 9000 円〜

雲見夕陽と潮騒の岬 オートキャンプ場

予約方法／ウェブ
料金／サイト 3000 円〜+施設利用料（大人 1000 円、中学生 700 円、3 歳〜 500 円、ペット 300 円）

タイプ／**高台・海辺**　サイト／砂利

海抜90m、海岸沿いの高台にある見晴らしの良いキャンプ場。サイトは管理棟前と海側の2エリアがあり、海側サイトから眺める駿河湾は最高！先着順なので、希望者は早めのチェックインがオススメ。場内には展望風呂もあり、のんびり湯に浸かりながらオーシャンビューを楽しめる。トイレやシャワー室、洗面所、洗い場は管理棟横の屋内にあるので、雨天でも安心。冬の気温は3〜4度、11〜2月頃は西風が強めなので気を付けて。BBQコンロや焚き火台をレンタルしたいなら予約が確実だ。

夕陽に染まる富士山や千貫門

展望台の周辺には野鳥の森も

景色を楽しみながらの入浴も気持ちいい

DATA 賀茂郡松崎町雲見宇塩谷 83-1 ／☎ 0558-45-0500 ／**営**通年／**休**不定／ **IN** サイト 12:00（繁忙期 13：00 〜）・ロッジ 13：00（繁忙期 14：00 〜）〜 17：00 ／ **OUT**11：00 ／ **サイト数** 30 ／ **交通**伊豆縦貫道月ヶ瀬 IC から車で 75 分／**ゴミ**引き取り／ https://yuuhi-shiosai.com

おいしい情報 》 車で 5 分の伊豆漁協松崎支所・雲見直売所に行けばサザエや伊勢エビなどの海産物が手に入る！

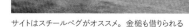

伊豆最大！目の前に海が広がる

砂浜では海水浴はもちろん
花火も楽しめる（21:00まで）

＼ 桟橋での釣りもOK ／

売店では薪やアメニティのほか「ゆるキャン△」のモデルになったハンバーグも販売

25 宇久須キャンプ場

タイプ／海辺　サイト／土

フリー　区画　電源　オート　バンガロー　直火　ペット

炊事場　給湯設備　風呂　シャワー　洗濯機　水洗トイレ　WiFi

予約方法／電話（9：00 ～ 17：00）・ウェブ
料金／テントサイト 5500 円、駐車場 1 台 1000 円

目の前に広がるのは全長500ｍの深田クリスタルビーチ。シーズン時は多くの人で賑わう伊豆半島最大のキャンプ場で、海に沈む夕陽や潮風、波の音など大自然を満喫できる。サイトは海側・山側の前後2列に分かれていて、1区画は5㎡とコンパクト。ゆったり楽しみたいなら2サイトの予約がオススメだ。発電機の使用はNGで、スピーカーも極力音量を下げて使用を。海の中には棘を持つ生き物もいるので、海水浴を楽しみたいならラッシュガードやマリンシューズを持参しよう。

温水シャワーのあるシャワー棟

DATA 賀茂郡西伊豆町宇久須2102-13／☎ 0558-55-0311／**営** 4月上旬～11月末／**休**なし／**IN**12：00 ～ 17：00／**OUT**11：00／**サイト数** 100／**交通**伊豆縦貫道月ヶ瀬 IC から車で 60 分／**ゴミ**引き取り／https://ikoyo-nishiizu.jp/ugusu

おいしい情報 》 近くにある「海産屋」の干物が美味！仁科にある直売所「はんばた市場」なら地場野菜、魚、乾物など一通りのものがそろう。

海遊びには絶好のロケーション

設営部分の地面は芝生

カヤックツアーも
受け付けている

西伊豆の海を遊び尽くそう

26

伊豆松崎あそび島

タイプ／海辺　サイト／芝生

フリー　区画　電源　オート　バンガロー　直火　ペット

炊事場　給湯設備　風呂　シャワー　洗濯機　水洗トイレ　WiFi

予約方法／電話・ウェブ
料金／ 1 サイト 8800 円（4 人、車 1 台まで）

長年地元でシーカヤックツアーを行ってきたオーナーが、5年前にオープン。海ならではの立地を生かし、SUPや夏場のシュノーケリング、ゴムボート釣り、カヤックフィッシングなど、さまざまなマリンアクティビティーが楽しめる。海側スロープからはカヤックやボートの出し入れも可能。ジオサイト見学やホタル観賞、虫取り、海水浴など伊豆半島の自然を満喫しよう。施設内はWiFiやAC電源があり、レンタル品も用意。サイトは直火禁止なので、高さのある焚火台やバーベキューコンロの使用を。

釣った魚は炊事場で
調理しよう

DATA　賀茂郡松崎町松崎 507 ／☎ 0558-42-0898 ／**営**通年／**休**不定／**IN**12：00 〜 18：00 ／**OUT**11：00 ／**サイト数** 11 ／**交通**伊豆縦貫道月ヶ瀬 IC から車で 60 分／**ゴミ**引き取り／ https://www.asobijima.com

おいしい情報　松崎の市街地には食材を買えるスポットがいっぱい。魚を買うなら「サンフレッシュ松崎店」、肉を買うなら「アサイミート」がオススメ！

独立サイトでゆったり大人キャンプ

夏は木陰で
涼しく
過ごせるよ

薪が豊富で、思う存分焚き火を楽しめる

27

初心者歓迎

CAMP FANTASEA

コテージの庭にもテントをゆったり張れる

Camp Fantasea（キャンプファンタジア）

予約方法／ウェブ・キャンプ場予約サイト「なっぷ」
料金／テントサイト4000円〜、ログハウス付きサイト6000円〜、グループ複数サイト利用は電話で要相談

タイプ／林間　**サイト／芝・砂利**

フリー　区画　電源　オート　バンガロー　直火　ペット
炊事場　給湯設備　風呂　シャワー　洗濯機　水洗トイレ　WiFi

展望台から見える夕陽は絶景！

キャンプ場マスコット"リラ・ゴッリーナ"とオーナー夫妻

海沿いの道を登った先にあり、展望台からは幻想的な夕陽や満天の星空を望めるオートキャンプ場。全6サイトと小規模だから混雑することなく、広さも各100㎡とゆったり。テントとタープを張っても余裕十分で、のんびりくつろぎたい人にぴったりだ。レンタル品も充実しているから初心者も安心で、10歳未満は利用料無料なのもファミリーにはうれしいポイント！近くには果物狩りができるスポットもあり、四季折々の自然体験が楽しめる。周辺には日帰り温泉施設が多数あるので、好みの温泉を探してみよう。

DATA 賀茂郡南伊豆町伊浜2733-3／☎0558-64-8821／**営**通年／**休**不定／**IN**14：00／**OUT**10：00／**サイト数**6／**交通**東名沼津ICから車で120分／**ゴミ**分別してゴミステーション、大型ゴミ（テント、タープ等）は有料で引き取り可／https://www.campfantasea.com

おいしい情報 》 雲見にある「とばやストア」なら地元のサザエ、アワビ、伊勢エビが手に入る！

目の前に海が広がり開放感たっぷり

28 南伊豆 夕日ヶ丘キャンプ場

タイプ／高台・海辺　サイト／芝・砂利・砂

フリー　区画　電源　オート　バンガロー　直火　ペット
炊事場　給湯設備　風呂　シャワー　洗濯機　水洗トイレ　WiFi

予約方法／ウェブ（当日予約時のみ電話）
料金／テントサイト4400円〜、ソロキャンプ3300円〜、ドッグフリーサイト7700円、コテージ19800円（2名）〜

坂を登ってゲートを抜ければ、真っ青な空と海がお出迎え。山の傾斜を生かした27区画すべてのサイトから海が見え、夏は夜空に輝く天の川や海に映る月明かり、11月から2月にかけては水平線に沈む夕陽など、幻想的な景色を楽しめる。ファミリーやカップル、友人同士で静かに過ごせるよう、利用は家族5名（内、成人3人）または友人2名まで。〝五感で自然を楽しむキャンプ場〟を掲げているため、自然の音だけが響く、静なる時間を満喫できる。

大きく分けて3つのエリアからなる区画サイトは、プライベートな空間と眺望を独占できる青色エリア、開放感あるダイナミックな大海原を楽しめる黒エリア、管理棟や炊事棟、シャワー室など共有設備に近く子ども連れにオススメの赤色エリアがあり、特に人気が集中する黒エリアは早めの予約がベター。そのほか、ノーリードで遊べる愛犬連れにうれしいサイトもあ

海を見下ろす展望台

1棟貸しでゆったり過ごせるコテージ

海に沈む月、美しい天の川は感動モノ

夜には天の川が見えることも！

る。キャンピングカーの乗り入れやコテージ利用など、ニーズや好みに応じて1区画ごと指定予約できるのもうれしい。

場内には一部土足禁止のトイレも備わり女性に好評。管理棟に併設する「GAOCAFE」では、ドリンクやパフェ、アルコールも気軽に楽しめる（9時〜19時）。

カフェで販売されているガオスカ（440円）。写真はサンセットとオーシャン

DATA 賀茂郡南伊豆町伊浜 2222／☎ 0558-67-0080／**営**通年／**休**なし／**IN**13：00〜17：00（コテージは15：00〜）／**OUT**10：30（レイトチェックアウト〜12：00）／**サイト数** 27／**交通**伊豆縦貫道月ヶ瀬 IC から車で 90 分／**ゴミ**引き取り／https://www.yu-higaoka-camp.com

おいしい情報 道の駅「下賀茂温泉 湯の花」へ行けば新鮮でおいしい無農薬野菜を安く買える。魚介類なら西伊豆仁科漁港の「はんばた市場」がオススメ。

冒険感満点！ デッキサイトが人気

日々、開拓中です

脱サラしてキャンプ場を始めた管理人の山崎さん

一枚板のカウンターがある炊事場

デッキサイトなら足元が悪くても安心

29 ぼっちの森

タイプ／林間　サイト／土・芝・砂利・デッキ

予約方法／キャンプ場予約サイト「なっぷ」
料金／区画サイト5000円〜、デッキサイト7000円

ユネスコクラブの山林の一画にあるキャンプ場。2500坪ある場内は管理人自らが開拓し、まるでアドベンチャー系アトラクションのような大自然を存分に楽しめる。当初はソロキャンプ向けとしてスタートしたが、今はグループやファミリーも楽しめるよう、さまざまなタイプのサイトを設営。女性や子連れに人気のデッキサイトは、アンカーがあるのでテントやタープ張りも楽チンだ。周辺にはトレッキングコースもあり、見晴台からは太平洋と伊豆諸島を見渡せる。二輪駆動車は雨天時にスタックするので注意しよう。

管理人の父親（80歳）が作る薪を販売。一束500円

DATA 賀茂郡南伊豆町加納1232-65／☎090-7020-3470／**営**通年／**休**不定　**IN**11：30／**OUT**11：00／**サイト数**24（拡大中）／**交通**東名沼津ICから車で120分／**ゴミ**持ち帰り（連泊の場合など応相談）／https://mukku4443.wixsite.com/mysite

おいしい情報　場内受付の近くに「びわの森」があり、6月頃になるとたくさんの実を付ける。利用者は自由に食べてOK！

伊豆南エリアの逸品
IPPIN

「伊勢エビ」

甘くてプリプリ！　塩焼きやボイルで豪快に味わおう

活伊勢エビ（100ｇ800円前後、季節により変動）

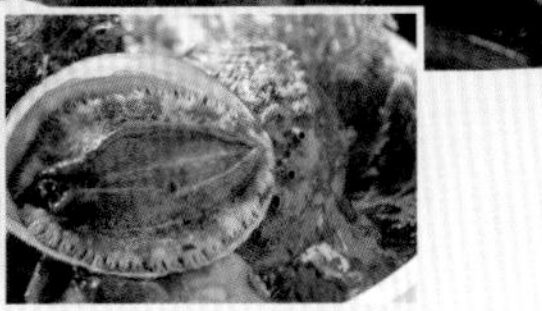

アワビやサザエなど、伊豆の海鮮も併せて楽しみたい

伊豆半島の最南端にある南伊豆でキャンプするなら、ぜひ味わいたいのが伊勢エビ。温暖な気候で磯や漁場が広く、水質も良いため、県内ではナンバーワンの漁獲量を誇る。潮の流れが速い海域で育った伊勢エビは、ギュッと身が締まり、食感はプリプリ。甘みと食べ応えも満点だ。

伊豆漁協南伊豆支所の直売所では、現地で育った天然の伊勢エビなどが並ぶ。いけすに入った状態で販売しているから鮮度は抜群。塩焼きやボイル、フライなどで豪快に味わおう。さばく手間が省ける二つ割りの冷凍伊勢エビもあり、こちらは低温でゆっくり解凍するのがオススメ。ごく稀にだが、脱皮したばかりで殻がやわらかく、まるごと食べられる「幻の伊勢海老」が販売されることもあり、出合えたら超ラッキー！

そのほか、地元産のアワビやサザエ、季節によってはトコブシも活きの良い状態で購入可能。伊豆近海で獲れた新鮮なキンメダイ、通称・地金目も並ぶ。

伊豆漁協南伊豆支所直売所

賀茂郡南伊豆町手石 877-18 ／ ☎ 0558-62-2804 ／ **営** 9：00～16：30 ／**休**なし
南伊豆近辺で獲れた魚介をリーズナブルな価格で販売。伊勢エビの水揚げは９月中旬～翌５月中旬。そのほか、伊東のサバ缶、下田のキンメダイ缶など、各支所の商品も買える。

伊豆南エリアの逸品
IPPIN

［キンメダイ］

身がふわふわ！丸焼きにして味わおう

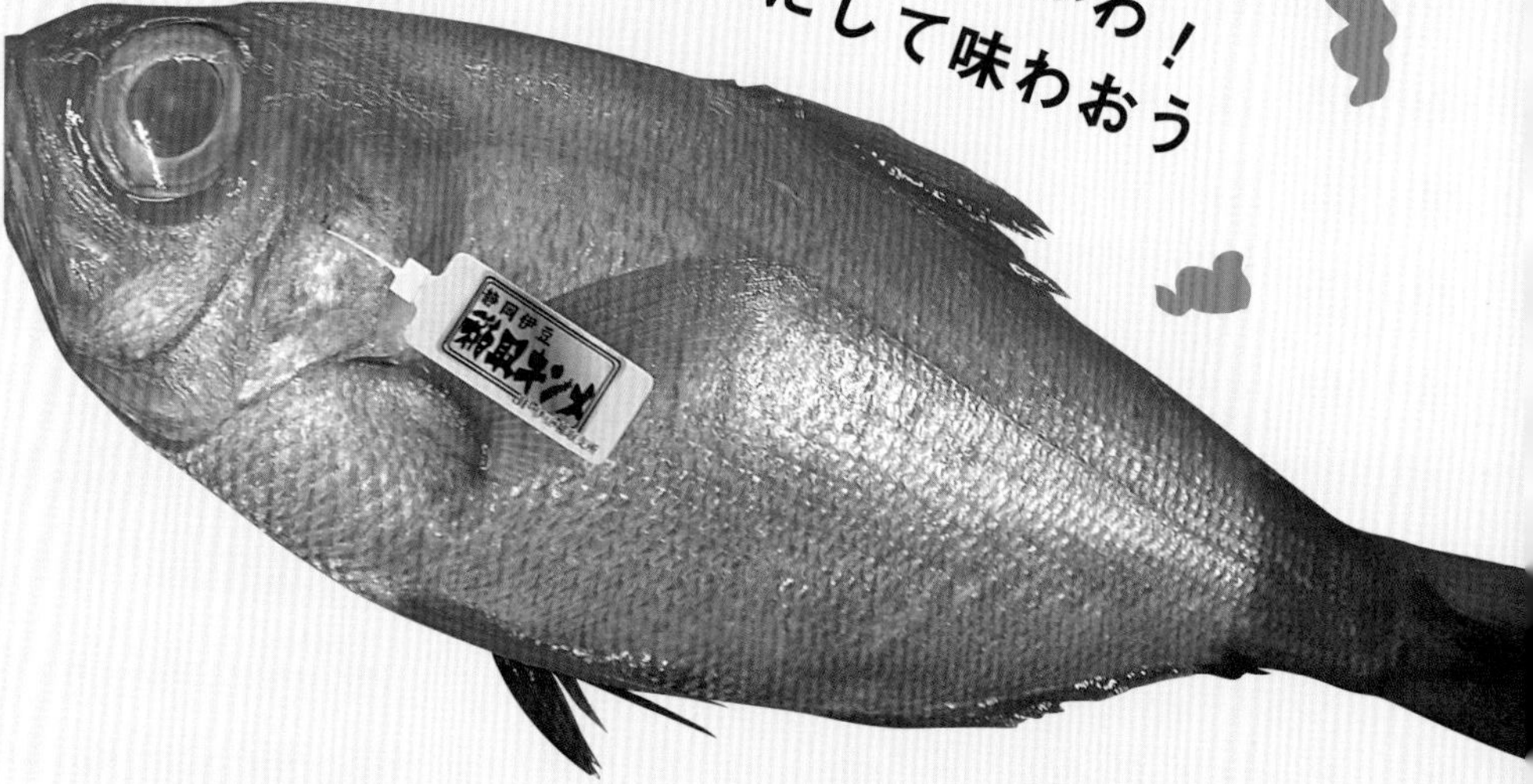

稲取漁港直売所
こらっしぇ

賀茂郡東伊豆町稲取 3352／☎ 0557-95-2021／**営** 8：30～15：00／**休**第２火曜
キンメダイやサザエ、伊勢エビ、イカ、アジ、サバ、イサキなど稲取港で水揚げされた魚介類がずらりと並ぶ。キンメダイの加工品や地元特産の柑橘類など、稲取ならではの食材を手に入れよう。

伊豆を代表する海産物の一つといえばキンメダイ。中でも東伊豆町稲取で獲れるものは「稲取キンメ」と呼ばれ、地域の特産だ。戦前まではそれほど注目されていなかったが、昭和中期に温泉旅館の料理として出されたところ、そのおいしさが評判となり、以来、重宝されるようになった。

稲取沖にはキンメダイの餌となるエビなどが豊富なため、稲取キンメは脂のりがよく、身が膨らんでいるのが特徴。水深 230m 以上の深海に生息しており、６月から産卵期を迎える９月頃までが最も脂がのっていておいしい時季となる。

キンメダイは身が繊細なため、キャンプで味わうならそのまま丸焼きにするのがオススメ。焦げた鱗を落として、ふわふわの身を味わおう。味付けは醤油や塩で十分だ。「こらっしぇ」に行けば、稲取キンメのほかにもさまざまな海産物が手に入る。一緒に焼いて海の幸を満喫しよう。

マットいらずのスノコサイト。平らで寝心地もグッド

川のせせらぎと温泉に癒やされて

上／場内を流れる荻の入川。水遊びや川釣りを楽しもう　下／テントがなくても気軽にアウトドアを楽しめるバンガロー

＼24時間利用できる！／

男女別の露天風呂。キャンプ利用者は無料で利用できる

30 河津七滝オートキャンプ場

タイプ／林間　サイト／土・スノコ

フリー　区画　電源　オート　バンガロー　直火　ペット
炊事場　給湯設備　風呂　シャワー　洗濯機　水洗トイレ　WiFi

予約方法／電話・ウェブ
料金／サイト料（オートキャンプ 4400 円、バンガロー 7700 円～）＋施設利用料（大人 1100 円、子ども 660 円）、クアコテージ 16500 円

荻ノ入川のせせらぎが心地よいキャンプ場。スノコサイトは地面に接することなくテントが張れるので、雨天時でも快適に過ごせる。24時間利用できる露天風呂が人気で、場内には岩盤浴施設（有料）も併設。川での水遊びはもちろん、遊魚証を販売しているため本格的な釣りも可能だ。場内には子どもに人気の釣り堀もあり、釣った魚は焼いて食べられる。近くには天城連山や河津七滝、カエル専門施設「KawaZoo」などがあり、ハイキングや観光の拠点としても活用できそうだ。

ニジマスを放流している釣り堀。利用料は2200円（4匹まで）

DATA 賀茂郡河津町梨本 470-1 ／ ☎ 0558-36-8080 ／ **営** 通年 ／ **休** なし ／ **IN**13：00 ～ 17：00 ／ **OUT**11：00 ／**サイト数** 90 ／**交通**東名沼津 IC から車で 90 分／**ゴミ**引き取り／ https://nanatakiauto.com

おいしい情報 》 軽食が味わえる場内の休憩室で、自家栽培のワサビ丼をご賞味あれ。

山の中で過ごす夜はまさに非日常の世界

31

河津オートキャンプ場

タイプ／林間　サイト／土

フリー　区画　電源　オート　バンガロー　直火　ペット

炊事場　給湯設備　風呂　シャワー　洗濯機　水洗トイレ　WiFi

予約方法／電話・ウェブ
料金／サイト料（オートサイト 4400 円、ホームキャビン 8800 円 ※繁忙期は+ 1100 円)+施設利用料(大人 1100 円、子ども 550 円)

河津桜で有名な桜並木から北東へ約8㎞。場内には美しい木漏れ日の風景が広がり、耳を澄ませば鳥たちのさえずりや木々のざわめきが聞こえてくる。

「林間ならではの夜の静かな環境を提供したいですね」と話すのは管理人の山田晋嗣さん。落ち着いた環境を整えるため、2021年からグループの利用を「2家族まで」「大人のみの利用は2名まで」に見直した。

利用者の多くはファミリー層で、場内には滑り台や木製ブランコ、ボルダリング施設、ハンモック広場など、子どもが喜ぶ遊び場が充実。近くには佐ヶ野川が流れ、川遊びも満喫できる。

思い切り遊んで疲れたら、無料の温泉露天風呂で癒やしのひとときを。キャンプと露天風呂を同時に楽しみたくて二度、三度と訪れるリピーターも多いという。また、温泉ではないものの、貸し切りの家族風呂(有料)もあるから、小さな子ども連れも安心だ。

家族にうれしい遊び場いっぱい！

テントサイトから徒歩5分で行ける佐ヶ野川

複合遊具は子どもたちに大人気。7：00から日没まで利用可

温水シャワー付き

人気の露天風呂。利用できない時もあるので事前に確認を

ハンモックの遊具もあるよ

テントがない人も気軽にキャンプを楽しめるホームキャビン（6人まで利用可）

管理棟内には売店もある

トイレにオムツ交換台を設置しているほか、子どもでも使いやすいように背の低い手洗い場も設けている。タープやランタン、BBQセットなども有料でレンタルOK。ファミリーに対する気配りがうれしい。

DATA 賀茂郡河津町川津筏場555／☎0558-35-7277／**営**通年／**休**不定／**IN**13：00～／**OUT**11：00／**サイト数**80／**交通**東名沼津ICから車で90分／**ゴミ**引き取り（乾電池や焼き網などを除く）／https://kawazucamp.com

おいしい情報 河津町の菓子店、港月堂の「チーズどら焼き」は地元で有名。新鮮な魚介バーベキューが楽しめて温泉もある「舟戸の番屋」もオススメ。

ハンモックも楽しめる林間サイト

高原を一望！ ツリーハウスに心躍る

三筋山山頂からいざ空中散歩へ！

遊び心満載のツリーハウスはオーナーの手作り

32 細野高原ツリーハウス村キャンプ場

タイプ／高原・林間　サイト／芝・土・スノコ

フリー　区画　電源　オート　バンガロー　直火　ペット
炊事場　給湯設備　風呂　シャワー　洗濯機　水洗トイレ　WiFi

予約方法／キャンプ場予約サイト「なっぷ」
料金／キャンプサイト 6000 円（～ 5 名）、ソロキャンプ 3000 円、コテージ 12500 円（～ 6 名）、ツリーハウス 8500 円（～ 4 名）

細野高原を目指して山道を進んでいくと、ツリーハウスの登場に思わず心が躍る。入り口で出迎えてくれるのは、場内で触れ合えるタカやフクロウ。海抜400ｍにあるサイトは、夏は涼しく、秋は美しいススキの風景も楽しめる。300ｍ先の三筋山細野高原からは稲取の町並みや大海原を一望。ハンモックが結べる木々、雨が降っても安心のスノコサイトなど、快適な環境が整っている。フライトハウス併設なので、高原でパラグライダーに挑戦してみてはいかが？

キュートなフクロウたちが出迎えてくれる

DATA 賀茂郡東伊豆町稲取細野高原3150／☎ 0557-95-0220／**営**通年／**休**不定／**IN**13：00 ～／**OUT**10：00／**サイト数** 9／**交通**国道 135 号線沿い「収穫体験農園ふたつぼり」の看板から車で 20 分／**ゴミ**引き取り／ https://www.hosonokogen.com

おいしい情報 》 車で 10 分、稲取漁港にある直売所「こらっしぇ」に行けば新鮮な魚介や地場野菜がゲットできる！

ストーンチェアキャンプ場

予約方法／ウェブ
料金／オートサイト 6820 円、AC 電源サイト 7920 円、バイク 3410 円、ロッジ 13530 円～

DATA 賀茂郡東伊豆町稲取字休石 3204-1／☎ 0557-95-5558／**営**通年／**休**火・水曜（繁忙期は無休）／**IN**13：00／**OUT**11：00／**サイト数** 45／**交通**伊豆縦貫道月ヶ瀬 IC から車で 50 分／**ゴミ**引き取り／ https://www.stone-chair.com

33

伊豆諸島を望む展望テラスが人気

タイプ／林間　**サイト**／芝・土・砂利

美しい自然風景をのんびり楽しめるキャンプ場。管理棟屋上にあるスターデッキからは青い海や伊豆諸島を一望、夜は360度の星空を満喫できる。サイトは草木で区分けされていてプラベート感あり。ウォシュレット付きトイレやブランコ、家族風呂（要予約・料金別途）など子連れにうれしい設備も充実している。

伊豆キャンパーズヴィレッジ

予約方法／電話・ウェブ
料金／サイト料（オートサイト 4000 円、電源サイト 5000 円、バンガロー 7000 円、ソロサイト 2000 円）＋入場料（大人 500 円、3 ～ 15 歳 250 円）※季節により変動あり

DATA 賀茂郡河津町川津筏場滝の田 1403-1／☎ 0558-36-3412／**営**通年／**休**無休／**IN**13：00／**OUT**11：00／**サイト数** 40／**交通**東名沼津 IC から車で 90 分／**ゴミ**引き取り／ https://izucampersvillage.com

34

南側に面した日当たりの良いオートキャンプサイト。2 月中旬には河津桜が見られる

タイプ／林間・河畔　**サイト**／土

ソロキャンパー向けや、四輪駆動車限定など、地形を生かしたユニークなサイトが充実。場内には沢があり、ホタルやサワガニなどさまざまな生き物を観察できる。春～初夏は管理人が育てたわさびがもらえるという、伊豆ならではのサービスも。1日1組限定で五右衛門風呂・檜風呂も利用できる（別途2000円）。

オススメ! 伊豆南エリアの買い出しスポット

松崎ならではの味、桜葉豚みそ漬け（380 円）

〈アサイミート〉

日本一の生産高・桜葉を添えた豚肉

昭和 8 年創業の老舗精肉店の名物は「桜葉豚みそ漬け」。日本一の生産高を誇る松崎産桜葉の香りを生かし、赤・白みそを甘めにブレンド。焦げないよう、じっくり弱火で焼いて味わおう。仙台牛、えごま豚、阿波尾鶏などのほか、地元の川のり入りコロッケも人気！

DATA 賀茂郡松崎町松崎 451-1 ／☎ 0558-42-0298 ／**営** 9：00 ～ 18：00 ／**休**水曜・第 1 火曜

〈サンフレッシュ松崎店〉

鮮魚が丸ごと! 地元民御用達のスーパー

「ないものはない」と書かれた看板がインパクト大のローカルスーパー。店頭には県内で水揚げされた魚介などが丸ごと豪快に販売され、珍しい品種が並ぶことも多い。すぐに食べられる調理済みの手作り総菜や弁当、パンなどを調達するのにも便利なお店だ。

DATA 賀茂郡松崎町松崎 79-1 ／☎ 0558-43-2030 ／**営** 9：00 ～ 20：00 ／**休**なし

魚が丸ごと並ぶ鮮魚コーナーは必見

仁科名物の真イカ（1kg 1500 ～ 1800 円）は肉厚で甘みも抜群。在庫なしの場合があるので事前に問い合わせを

〈はんばた市場〉

特産真イカが獲れたての味で楽しめる

真イカ（スルメイカ）の産地・仁科港からわずか 50 mの距離にある市場。冷眠技術で魚介の細胞を壊さず急速冷凍しているため、解凍後もうま味が逃げす獲れたてのおいしさが味わえる。桜エビを捕食するイカは甘みも風味も抜群で、生も丸煮もやわらかい！

DATA 賀茂郡西伊豆町仁科 980-4 ／☎ 0558-36-3950 ／**営** 8：30 ～ 15：00（土・日曜、祝日は 16：00 まで）／**休**第 4 火曜

〈青木さざえ店〉

南伊豆の名物! 超巨大なS級サザエ

「新鮮でより良いものをより安く」がモットー。南伊豆で水揚げされた新鮮なサザエ、アワビ、伊勢エビをはじめ、トコブシ、タイ、ヒラメなどの海産物を購入できる。中でもオススメは通常サイズの約4倍の「S級サザエ」。約500～800gと驚きの大きさだが味も抜群!

DATA 賀茂郡南伊豆町湊894-53／☎0558-62-0333／**営**8：30～17：30／**休**なし

ビッグサイズのS級サザエ（300gアップ2100円～2400円）

温暖な気候で育った柑橘類も豊富に並ぶ

〈道の駅 下賀茂温泉 湯の花〉

南伊豆の朝採れ野菜が大集合!

伊豆半島最南端にある道の駅。290㎡の広々とした売り場には、毎朝500人以上の生産者が作る新鮮な農産物、海産物が搬入される。珍しい野菜や南伊豆産の米、干物や地魚など海と山の食材がズラリと並ぶほか、鹿や猪の肉も手に入る。

DATA 賀茂郡南伊豆町下賀茂157-1／☎0558-62-3191／**営**9：00～16：00／**休**12/31～1/3

〈ひもの万宝〉

キンメダイやノドグロの干物をBBQで!

厳選した新鮮素材を一枚ずつ丁寧に仕上げる干物専門店。BBQで味わうならノドグロやキンメダイがオススメ。極上の白身魚として知られるノドグロは、ジューシーかつ濃厚な脂のうま味を存分に味わえる。近海で獲れる地金目（ジキンメ）も産地だからこそ手に入る逸品!

DATA 下田市柿崎707-13／☎0558-22-8048／**営**9：30～17：00／**休**水・木曜

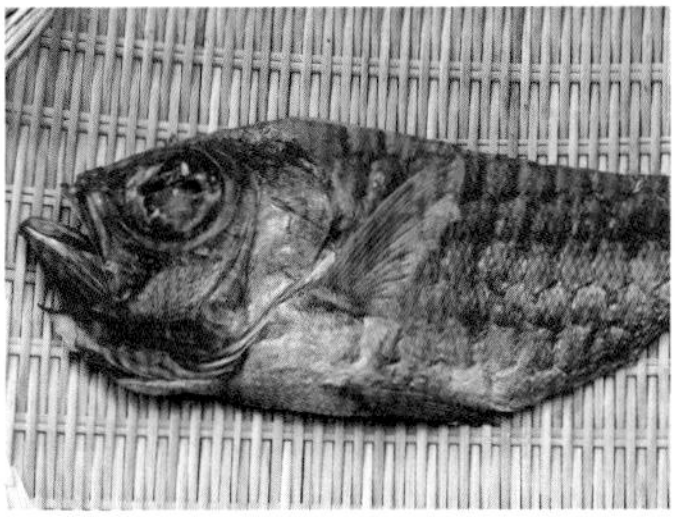

脂がたっぷりのった地金目の干物（2160円～）

人数や予算に合わせて盛り合わせも注文できる

〈熱川精肉店〉

枝肉で仕入れた新鮮な国産豚肉

「熱川ポーク」の愛称で親しまれる精肉店。銘柄豚「ふじのくにいきいき豚」は適度に霜が入ったジューシーな味わいで、店内で枝肉を切り分けているから新鮮そのもの。国産の和牛や鶏肉のほか、自家製の豚みそ漬けや焼豚も人気!

DATA 賀茂郡東伊豆町奈良本857／☎0557-23-1298／**営**9：00～17：30／**休**水・第3日曜

伊豆北エリア

[Izu kita Area]

伊豆半島北部の山間地には、豊かな緑と水に恵まれたキャンプ場が点在。猪や鹿などのジビエ食材も手に入るから、狩人気分で山林キャンプと洒落込もう。農産物の直売所に立ち寄れば、シイタケやワサビなど、山の味覚も手に入る。

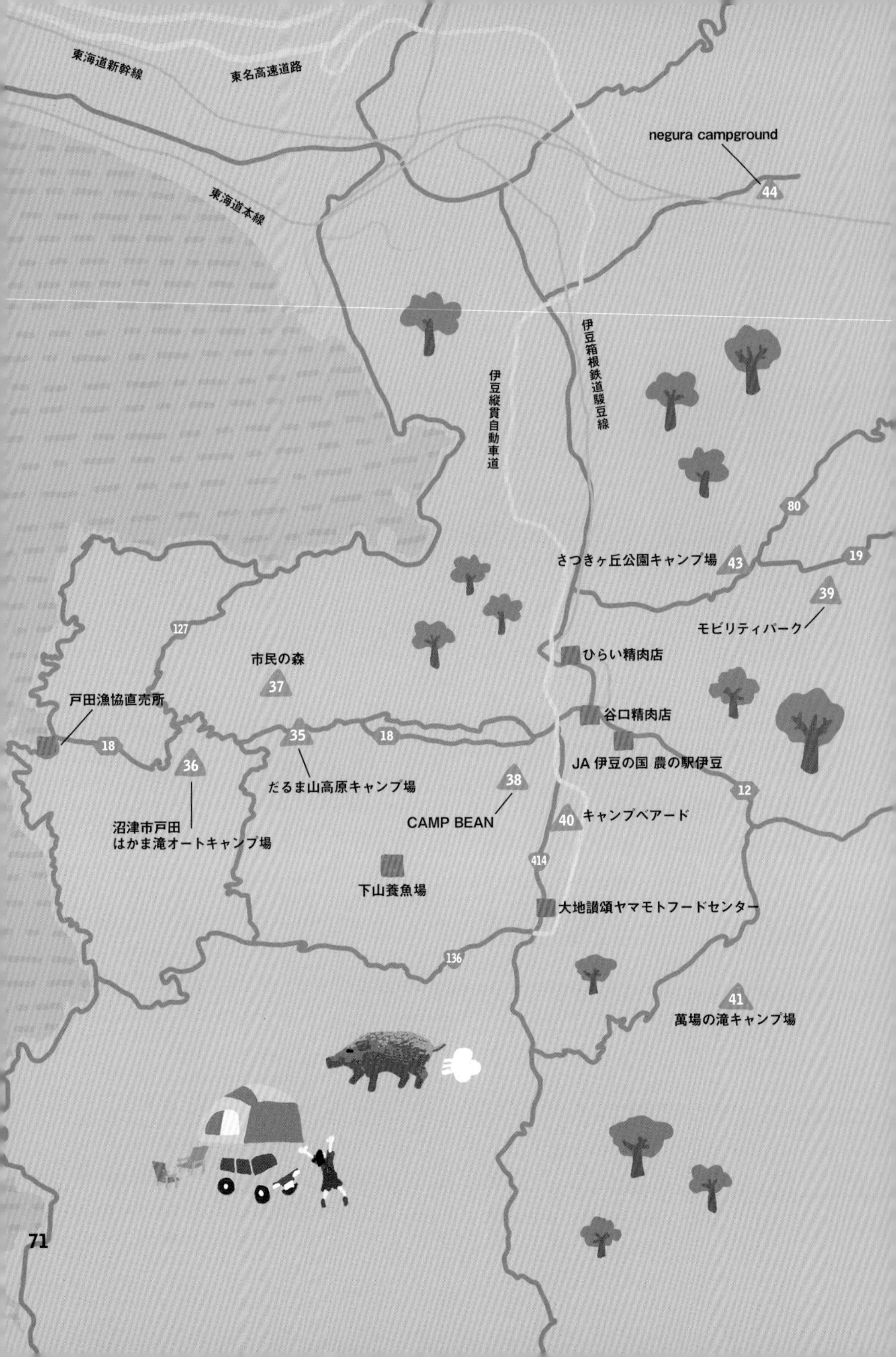
東海道新幹線
東名高速道路
東海道本線
negura campground
44
伊豆箱根鉄道駿豆線
伊豆縦貫自動車道
80
19
さつきヶ丘公園キャンプ場
43
39
モビリティパーク
127
市民の森
37
ひらい精肉店
谷口精肉店
戸田漁協直売所
18
35
18
JA 伊豆の国 農の駅伊豆
36
だるま山高原キャンプ場
38
12
CAMP BEAN
40
キャンプベアード
沼津市戸田
はかま滝オートキャンプ場
414
下山養魚場
大地讃頌ヤマモトフードセンター
136
41
萬場の滝キャンプ場

駿河湾を見下ろすテントサイト。天気が良ければ富士山も見える（伊豆市提供）

タイプ／高原　サイト／芝・土

35

だるま山高原キャンプ場

予約方法／電話
料金／フリーサイト 2500 円〜、オートサイト 3500 円〜、ロッジ 15000 円〜（5人）

沼津市と伊豆市の境界にある標高982mの達磨山。その中腹にある「だるま山高原キャンプ場」は、駿河湾と富士山が一望できる抜群のロケーションで多くのキャンパーから支持を集めている。

そもそも達磨山は1939年、日本政府がニューヨーク万国博覧会に富士山の写真を出品する際、撮影地に選んだ絶景スポット。そんな「日本一の眺望」が目の前に広がるテントサイトは3カ所あり、休日であれば受け付け開始直後に半年分の予約が埋まってしまうほどの人気ぶりだ。

修善寺と沼津市戸田を結ぶ県道18号沿いにあり、修善寺温泉街からは車で約20分、戸田海水浴場からも約20分とアクセス良好。周辺はハイキングスポットにもなっていて、長期休暇の時期にはここを拠点に伊豆観光を楽しむ利用者も多い。

近くにはレストハウスやロッジなどの関連施設もあり、ここ

平日でも多くのキャンパーが訪れるほど人気

海と富士山！〝日本一の眺望〟を楽しむ

電子レンジや冷蔵庫、エアコンも完備したロッジは全6棟

上／地場産食材を使った食事が楽しめるレストハウス　右／繁忙期に限り管理人が常駐する管理棟。コインシャワーなどの設備がある

でも駿河湾と富士山の景色が楽しめる。予約は利用月を含めて6カ月前から開始。利用者が少ない平日や閑散期は管理棟ではなく、レストハウスが受付窓口になるので事前に確認を。標高620mのため、寒さ対策も忘れずにしよう。入浴は修善寺温泉街のほか、道の駅「くるら戸田」の日帰り温泉施設の利用がオススメだ。

男女別のほか、多目的トイレも整備されている

DATA 伊豆市大沢 1018-1／☎ 0558-72-0595／**営** 3月第3土曜～11月下旬／**休**不定／**IN**14：00～16：00／**OUT**11：00（ロッジは 10：00）／**サイト数** 20／**交通**東名沼津 IC から車で 60 分／**ゴミ**引き取り

おいしい情報 》 レストハウスで販売している「黒米ソフト」350 円は、黒米特有の粘りある食感で美味！

やさしい木漏れ日があふれるサイト

戸田の自然をひっそり満喫

公園内の橋を渡ると現れる「はかま滝」

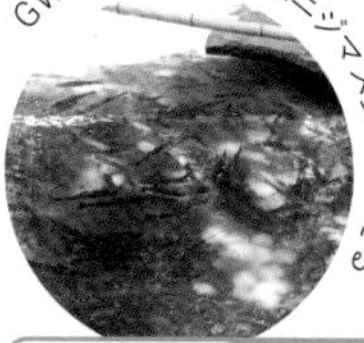

GWや夏休み期間はニジマス釣りができる

自然の形状を活かした
サイトは広さもさまざま

36

沼津市戸田
はかま滝オートキャンプ場

タイプ／林間　サイト／土

フリー　区画　電源　オート　バンガロー　直火　ペット
炊事場　給湯設備　風呂　シャワー　洗濯機　水洗トイレ　WiFi

予約方法／電話
料金／オートサイト5500円、ソロフリーサイト2200円(バイク、自転車限定)

はかま滝せせらぎ公園内にある、こぢんまりとしたオートキャンプ場。豊かな緑と土地の形状を生かしたサイトはAC電源、ウッドデッキ、水道を完備し、隣同士の距離が空いているからプライベート感も十分だ。長期休暇中は場内中央を流れる川でニジマス釣りを楽しめるほか、クワガタ捕りや遊歩道散策、さらには近隣の海水浴場と、自然を満喫できる要素がいっぱい。シャワー室が24時間利用できるのもうれしい。21時以降はテント外の照明NGなので、静かな夜を過ごせる。

山道を進むと見えてくる管理棟

DATA 沼津市戸田3908-13／☎0558-94-5055／**営**3～11月／**休**不定（悪天候時など）／**IN**13：00～16：00／**OUT**11：00／**サイト数**14／**交通**伊豆中央道長岡ICから車で30分／**ゴミ**生ゴミ・灰のみ引き取り／https://jforestheda.wixsite.com/hakamacamp

おいしい情報 》 海鮮や食料品などをそろえるなら「JFマリンマーケット」がオススメ。浜焼きの具材は「戸田漁協直売所」でも手に入る。ともに車で約10分！

無料で過ごせる山の中のキャンプ場

静寂な原生林の中で過ごすひととき

1棟のみのケビンも無料

この看板が目印！

37 市民の森

タイプ／林間　サイト／芝・土

フリー　区画　電源　オート　バンガロー　直火　ペット
炊事場　給湯設備　風呂　シャワー　洗濯機　水洗トイレ　WiFi

予約方法／電話・ウェブ（1週間前までに申し込み）
料金／無料

駿河湾沿いの沼津土肥線から、ひたすら山道を登ると到着。敷地から見る空は広大で、鳥のさえずりが心地よい市営のキャンプ場だ。芝生内は車の乗り入れOK、デッキサイトの区画もあるので、雨でぬかるむ心配もなし。子どもが遊べる広場や川もあり、展望台からは富士山と駿河湾の大パノラマも一望できる。近くには推定樹齢300年の「河内の大杉」や金冠山のハイキングコースも。特筆すべきは使用料も薪も無料なこと！予約は1週間前まで。園内散策はペット同伴OKだ。運が良ければ鹿や狸にも会える。

昔の炭焼き小屋が保存されている

DATA 沼津市西浦河内字堂山506-3／☎055-942-3103／**営**4～6月、9～11月の土・日曜、7/20～8/30／**休**月曜／**IN**10：00～16：00／**OUT**10：00／**サイト数**28（夏のみ常設テント2）／**交通**伊豆中央道長岡ICから車で30分／**ゴミ**持ち帰り

おいしい情報 沼津方面から行くなら、沼津港で新鮮な魚や干物を仕入れて出かけよう。道中、さまざまな種類のミカンが買える施設もある。

野生の勘が研ぎ澄まされるひととき

コアなソロキャンパーに人気

富士山を望む富士見サイト

直火もOK!

キャンパーたちが語らうサロンもある

落ちている木材は自由に使える

伊豆北

38 CAMP BEAN（キャンプビーン）

タイプ／林間　サイト／土

フリー　区画　電源　オート　バンガロー　直火　ペット
炊事場　給湯設備　風呂　シャワー　洗濯機　水洗トイレ　WiFi

予約方法／ウェブ
料金／ 2000円（小学生以下は無料）

アウトドア好きのオーナーが2020年にオープンした、野性味あふれるキャンプ場。天然の地形を生かしたサイトは広葉樹の木々に囲まれ、まさに野営といった雰囲気。直火OKで木製の風防も備わっているから、焚き火を楽しむにはもってこいだ。落ちている木材は自由に使え、ブッシュクラフトも楽しめる。場内には水場がなく、飲料水は各自持ち込み、洗い物用のペーパーなども持参しよう。予約には「合言葉」が必要なので、希望者はウェブサイト・ツイッター・インスタグラムで問い合わせてから申し込みを。

焚き火用の薪は一束500円

DATA 伊豆市大平1499-2／☎非公開／**営**通年（夏期休業の場合あり）／**休**なし／**IN**10：00～12：00／**OUT**12：00／**サイト数**15／**交通**伊豆縦貫道大平ICから車で10分／**ゴミ**持ち帰り／ https://www.campbean.jp

おいしい情報 伊豆の鹿や猪の肉が買えるスーパー「大地讃頌 ヤマモトフードセンター」は車で10分。ワイルドな環境でジビエ料理を味わおう。

夢のアウトドア王国を遊び尽くせ！

39 モビリティパーク

予約方法／電話
料金／サイト料（テントサイト 4400 円～、キャンピングカー 5500 円、タイニーハウス 16500 円～、トレーラーホーム DX39600 円）＋利用料（中学生以上 1100 円、子ども 550 円、ペット 825 円）

タイプ／林間　**サイト／芝**

フリー　区画　電源　オート　バンガロー　直火　ペット
炊事場　給湯設備　風呂　シャワー　洗濯機　水洗トイレ　WiFi

サイクルスポーツセンター近くにある、快適で贅沢なアウトドアを満喫できる広大なテーマパーク。芝のテントサイトのほか、エアコン、トイレ、シャワー、冷蔵庫、寝具などを完備した欧米スタイルのコテージやトレーラーホームなどもあり、幅広いスタイルで楽しめる。全サイトに電源を備え、各所に給湯設備のある炊事場や、清潔な洗浄機能付きトイレを設置。各種レンタル品もそろっているからBBQも楽チンだ。プールやジャンボ滑り台などのアクティビティーも充実していて、子連れキャンパーにも人気！

タイニーハウスは小規模ながら充実の設備

左／夏は無料のプール、秋～春はニジマス釣り（有料）が楽しめる　右／家族で MTB 体験も

ラグジュアリーなトレーラーホームでゆったりと

DATA 伊豆の国市長者原 1445-481 ／ ☎ 0558-79-0213 ／**営** 2 月下旬～翌年 1 月上旬／**休**水・木曜（繁忙期除く）／**IN**13：00（テント・キャンピングカーサイト以外 14：00）／**OUT**12：00（テント・キャンピングカーサイト以外 11：00）／**サイト数** 127 ／**交通**伊豆縦貫道大仁中央 IC から車で 15 分／**ゴミ**引き取り／ https://mobility-park.jp

おいしい情報 車で5分の「まごころ市場」は伊豆の農家や生産者のみが出荷する新鮮野菜や加工品が安く買える。肉を買うなら「ひらい精肉店」がオススメ！

キャンプ&ビールを満喫！

常時 30 種のクラフトビールが味わえる (500 円～)

ブルワリーの目の前にキャンプ場が広がる

キャビンも新たに増設（ペット NG）

毎週土曜には軽食が買える売店もオープン

40 キャンプベアード

タイプ／林間・河畔　サイト／芝

フリー　区画　電源　オート　バンガロー　直火　ペット
炊事場　給湯設備　風呂　シャワー　洗濯機　水洗トイレ　WiFi

予約方法／キャンプ場予約サイト「なっぷ」
料金／サイト料金 3500 円～＋入場料 20 歳以上 1000 円 (ワンドリンク、シャワー使用料込み)

「ビールと自然を満喫してほしい」と、沼津のクラフトビールメーカーが開設。ベアードブルワリーガーデン修善寺内にあり、ブライアン・ベアードさんが造るビールをたっぷり味わえる。サークル状の敷地から満天の星空を見上げる「ダークスカイサイト」や、狩野川越しに西日が輝く「ウエストコーストサイト」など、ビールの銘柄にちなんだサイト名もユニークだ。2021年春にオートサイト、コテージ、洗い場、ウォシュレット、シャワーなどが増設され、快適さアップ！

ウェルカムスマイルのベアード夫妻

DATA 伊豆市大平 1052-1 ／☎ 070-8999-3395 (タップルーム 0558-73-1225) ／**営**通年／**休**年末年始／**IN**13：00 ～ 17：00 ／ **OUT**7：00 ～ 11：00 ／**サイト数** 36 ／**交通**伊豆縦貫道大平 IC から車で 5 分／**ゴミ**引き取り (200 円～) ／ https://www.nap-camp.com/shizuoka/14084

おいしい情報 》 車で 10 分の「谷口精肉店」ならイズシカ、天城猪肉が購入可能。BBQ セットの事前予約もできるよ。

マイナスイオンで気分爽快

森林セラピー効果で癒やしタイムを

車を横付けできるバンガロー（6600円・定員6名）

洗剤やスポンジも完備した炊事棟

滝の上流ではキャニオニングも楽しめる（13歳以上8000円〜）

41

萬城の滝キャンプ場

タイプ／林間・河畔　サイト／砂利

フリー　**区画**　電源　オート　**バンガロー**　直火　ペット
炊事場　給湯設備　風呂　**シャワー**　**洗濯機**　**水洗トイレ**　WiFi

予約方法／電話
料金／テントサイト2750円＋入場料（中学生以上220円、小学生110円）

狩野川の支流・地蔵堂川を遡った先にあるのは、高さ20mの萬城の滝！隣接するキャンプ場は標高346mの緑豊かな地にあり、マイナスイオンたっぷりで夏でも涼しく過ごせる。トイレやシャワーも清潔で、市営のため料金もリーズナブル。テントサイトやバンガローには炭を焚けるU字溝もあり気軽にBBQを楽しめる。滝の上流には川遊びやキャニオニングができる渓流があるほか、キャンプ場内にも小川が流れているので子どもの遊び場にぴったり。入浴は車で15分の小川温泉共同浴場がオススメだ。

管理棟で鉄板（400円）と網（300円）がレンタルできる

DATA 伊豆市地蔵堂776-1／☎0558-83-2654／**営**通年／**休**なし／**IN**11：00〜16：00／**OUT**10：00／**サイト数**36／**交通**伊豆中央道大仁南ICから車で25分／**ゴミ**引き取り（専用袋100円）／http://kanko.city.izu.shizuoka.jp/form1.html?pid=2436

おいしい情報 食材を買うなら、車で10分の「スーパーカドイケ中伊豆店」が品ぞろえ豊富で便利。三島方面から来るなら、伊豆牛やコロッケ、メンチカツなども買える大仁「ひらい精肉店」もオススメ。

海は目の前！
城跡ならではの景観も

「海ホテル」の旅乃家リゾートが運営するキャンプ場

本丸エリアにはデッキサイトも

海が見える三の丸エリア

天然の青森ヒバの浴槽がある展望風呂。60分2000円

42 宇佐美城山公園キャンプ場

タイプ／高台　サイト／砂利・デッキ・人工芝

予約方法／ウェブ・LINE・キャンプ場予約サイト「なっぷ」
料金／オートサイト4800円～、テントサイト3500円～、デッキサイト5800円～

南北朝時代から室町時代にかけて使われていた宇佐美城の城跡を利用し、2020年8月にオープン。地元に愛される山の良さを残すため、手を加え過ぎず、城跡ならではの地形を活かした造りになっている。海抜37mの高台にあり、テントサイトの中には海の眺望を楽しめるポイントも。宇佐美海水浴場まで徒歩1分で行けるので、海のアクティビティーを楽しみたい人にぴったりだ。展望風呂、ドラム缶風呂、家族風呂はどれも自家源泉100%の掛け流し。時間貸切制で利用できるので、疲れた体をゆったりと癒やそう。

受付は海ホテル併設レストラン「アンカーテラス」へ

DATA 伊東市宇佐美城山396／☎0557-48-6688／**営**通年／**休**不定／**IN**14：00～（LINE登録者は12：30～）／**OUT**12：00／**サイト数**27／**交通**修善寺道路大仁中央ICから車で25分／**ゴミ**引き取り（処分料500円）／https://tabinoya.net/blog/entry-182.html

おいしい情報 国道135号線にある道の駅「伊東マリンタウン」には地元の特産品が勢ぞろい。海鮮が味わえるレストランもある。

さつきヶ丘公園キャンプ場

予約方法／3日前までに電話・メール sports@city.izunokuni.shizuoka.jp（伊豆の国市スポーツ振興課）
料金／大人 330 円、小中学生 160 円

DATA 伊豆の国市浮橋 1597-3 ／☎ 055-948-1461（伊豆の国市生涯学習課）／**営**通年／**休** 12/29 ～ 1/3 ／**IN**13：00 ／ **OUT**12：00 ／**サイト数** 10 ／**交通**伊豆箱根鉄道田京駅から車で 10 分／**ゴミ**持ち帰り

自然豊かな運動公園の一角にあるキャンプ場。市営のため設備は最小限だが、その分、料金はリーズナブル。車で15分の「百笑の湯」をはじめ、周りには日帰り温泉施設も多い。近くの「大仁まごころ市場」で新鮮な地場野菜も購入できる。メールで申し込む際は代表者名（フリガナ）、郵便番号・住所、連絡先、利用日、人数の明記を忘れずに。

43

上／木々に囲まれたテントサイト
右／広場には遊具もある

タイプ／林間 **サイト／芝・土**

negura campground

（ネグラ キャンプグラウンド）

予約方法／ウェブ
料金／大人 1500 円、駐車料 1500 円（プレオープン価格のため変動あり）

DATA 田方郡函南町平井 1689-55 ／☎非公開／**営**通年／**休**日～火曜／**IN**13：00 ／ **OUT**12：00 ／**サイト数** 40（開拓中）／**交通**東名沼津 IC から車で 25 分／**ゴミ**持ち帰り／ https://linktr.ee/negura

キャンプ好きのオーナーが「自分が求めるキャンプ場を作りたい」と脱サラして一念発起。クラウドファンディングで函南の山間地を開拓し、2021年9月から営業を始めた。広々としたフリーサイトには直火が可能な焚き火ピットがあり、お酒を楽しむバースペースも建築予定。整備の様子はツイッターで公開中。手作りの魅力を味わいたいキャンパーにオススメだ。

44

上／ほぼすべてのサイトから富士山が見える
右／焚き火ピットで直火も楽しめる

タイプ／高台 **サイト／草**

オススメ! 伊豆北エリアの買い出しスポット

いろいろな調理に使える刺身用本えび（680円）

〈戸田漁協直売所〉

戸田名物の本エビでLet's海鮮料理!

深海魚の聖地・戸田で海鮮を手に入れるならココ。地元産サザエ、本エビ（ヒゲナガエビ）、名産タカアシガニなど豊富にそろう。「サザエごはんの素」は米と一緒に炊くだけで簡単。甘みが強い「刺身用本えび」は焼いてもブイヤベースにしても美味!

DATA 沼津市戸田523-9 ／☎0558-94-2082 ／営8：00～17：00 ／休水曜

〈ひらい牧場 伊豆牛 ひらい精肉店〉

うま味たっぷり! 自慢の伊豆牛を味わおう

オリジナルブランドの「伊豆牛」を販売。抗生物質を使用せず、餌にこだわって育てた牛肉は小豆色に輝き、キメが細かくやわらかい。さっと火を通して口に運べば、肉のうま味を存分に味わうことができる。メンチなどの総菜類もキャンプのお供にいかが？

DATA 伊豆の国市大仁493-1 ／☎0558-76-0298 ／営9：30～18：30 ／休水曜

特選バラ（100g980～1080円）、ミスジ（100g900～1080円）など部位も豊富

山の恵みが堪能できる猪鹿腸（1パック5本入788円）と鹿モモ肉のみそ漬け（100g626円）

〈谷口精肉店〉

スパイシー! 伊豆の鹿・猪を使ったソーセージ

牛・豚・鶏のほか、伊豆の鹿や猪の肉も扱う。鹿肉と猪肉を腸詰めにした「猪鹿腸」は黒コショウが効いてスパイシー。味噌漬けはそのまま食べられるのでカットしてチーズやトマトと一緒におつまみに。キャンプ好きの店主に聞けば、オススメの調理法も教えてくれる!

DATA 伊豆市柏久保555-3 ／☎0558-72-0537 ／営8：30～18：00 ／休水・日曜

〈JA 伊豆の国 農の駅伊豆〉

香ばしい! うま味たっぷり原木しいたけ

10 月〜翌 5 月にかけて販売される特産・清助しいたけは BBQ の具材として人気の一品。肉厚で弾力があるのが特長で、網焼きしてバターや醤油を垂らして食べるのがオススメだ。特産の生わさびをつけて食べるのもオツ。店内には新鮮な農作物も豊富にそろう。

DATA 伊豆市柏久保 108 ／☎ 0558-72-4462 ／**営** 9：00 〜 17：00 ／**休**正月、決算時

しいたけ栽培発祥の地といわれる伊豆自慢の特産物だ

〈下山養魚場〉

購入の際はクーラーボックスを忘れずに

生で食べられるほど新鮮なアマゴが買える!

ワサビ田の清流でアマゴを育てる養魚場。前日までに連絡すれば小型魚を 1 尾 378 円で購入できる。天然の湧き水で養殖したアマゴは、刺身でも食べられるほど新鮮で臭みもなし。キャンプで味わうなら塩焼きが最高!

DATA 伊豆市大平柿木 871-2 ／☎ 0558-87-1147 ／**営** 8：00 〜 17：00 ／**休**不定

〈山六ひもの店 総本店〉

BBQ にぴったりの干物&いか口串

創業約 70 年、産地や伝統の技法にこだわる干物店。一番人気の「とろさば塩干」は、たっぷり脂がのった肉厚なサバの塩干しで、ふっくらとした食感が自慢。BBQ で楽しむなら「いか口串」もオススメ。スルメイカの口ばしを取り除き、串に刺してあるので食べやすい!

DATA 伊東市東松原町 5-6 ／☎ 0120-22-3039 ／**営** 8：00 〜 17：00 ／**休**なし

脂がジューシーなとろさば塩干（2 切れ 800 円）

〈JA あいら伊豆 いで湯っこ市場〉

伊豆赤沢の海洋深層水を使用した「だいだいサイダー」（180 円）

伊豆の柑橘類が勢ぞろい!

伊東の野菜と柑橘類を買うならココ。温暖な気候で育つ柑橘類が充実しているほか、外皮を丁寧に手むきした温州みかんの果肉のみを搾汁したストレートジュースや、ダイダイの爽やか香りが特長の「だいだいサイダー」は大人から子どもまで気に入ること間違いなし。

DATA 伊東市玖須美元和田 715-26 ／☎ 0557-44-5050 ／**営** 9：00 〜 17：00 ／**休**第 3 火曜、1 月 1 日〜 4 日、その他臨時休業あり

伊豆北エリアの逸品
IPPIN

［鹿・猪肉］

野生の味に舌鼓！山の恵みを堪能

イズシシロース（100g 700円）、イズシカモモ（100g 298円）ほか。
塊肉はダッチオーブンなどでじっくり調理して楽しんで

臭みなし！

大地讃頌オリジナルの
粗挽き鹿ソーセージ（680円）

大地讃頌
ヤマモトフードセンター

伊豆市下船原6-1／☎0558-87-0818／営9：00～18：30／休日曜
八百屋からスタートしたスーパーマーケット。店内には冷凍した鹿・猪肉のほか、ジャガイモだけで10種類近くの品種が並ぶなど、野菜の品ぞろえにも定評がある。

豊かな山林が広がる伊豆・天城は、猪の日本三大猟場の一つで、良質な猪肉の産地として有名。近年は有害駆除した鹿を有効に活用しようと、鹿肉の販売にも力を入れている。2011年には、伊豆市が食肉加工施設「イズシカ問屋」を開設。捕獲した鹿や猪を個体番号で管理し、低温で熟成。肉のうま味を引き出した上で急速冷凍し、「イズシカ」「イズシシ」の銘柄で販売を行っている。

取り扱い店舗の一つ、スーパーマーケット「大地讃頌ヤマモトフードセンター」では、豪快な塊肉から、手軽に楽しめる薄切り肉まで多くの鹿・猪肉を用意。「イズシカは臭みもなく、熟成によるうま味を楽しめる」と店長の山本博之さんも太鼓判を押すおいしさだ。ジビエ初心者でも食べやすいよう、店ではオリジナルのジャーキーやサラミなども販売。鹿肉ソーセージや猪肉の生ハムなどは、キャンプのおつまみにも最適だ。

しずおかキャンプレシピ帳③

山のごはん

川の魚に、森のジビエやキノコたち。
焚火を囲んで盃片手に、
山の恵みをじっくり味わう。

ロケ地／CAMP BEAN

牡丹鍋

日本酒によく合う

〈牡丹鍋〉

材料（4人分）

猪肉…300g
細ネギ…1束　ショウガ…適量

A：野菜

ニンジン…1本　ゴボウ…1本
ダイコン…1/3本　水菜…1/2束
長ネギ…2本　マイタケ…1パック

B：汁

水…900ml　酒…100ml
顆粒ダシ…大さじ1　砂糖…大さじ1
みりん…大さじ3
ショウガのすりおろし…1かけ分
味噌…60g　塩…少々

作り方

1_ ニンジンは太めの千切り、ゴボウはささがき、ダイコンはいちょう切りにするなど、Aの野菜を食べやすい大きさに切る
2_ 細ネギは小口切り、ショウガは千切りにする。ゴボウとショウガは水にさらした後、絞って水気を切る
3_ 鍋にBの材料を合わせ、火にかける。沸いたらダイコンと猪肉を入れ、沸騰させてアクを取り除く
4_ 弱火でゆっくり火を入れ、食べる直前にその他の野菜も入れる。仕上げに細ネギとショウガをたっぷり散らす

POINT
猪肉は鍋用の薄くスライスされたものがオススメ。野菜は好みのものを事前に切っておくとスムーズだ。汁の分量は鍋のサイズに合わせて調整を。

パタパタ

炭火であぶると美味

味噌田

材料（4人分）

こんにゃく…1枚
豆腐…1丁
ごま・山椒の実・ゆずの皮など…適量

A：田楽味噌

赤味噌…大さじ3
砂糖…大さじ5
酒…大さじ2
みりん…大さじ1

作り方

1_ 鍋の中にAを入れて、火をつける前にダマがなくなるまでよく混ぜる
2_ 1を中火にかけ、沸いてきたら弱火にする。焦がさないように気を付けながら、ヘラを動かすと鍋の底が見えるぐらいまで煮詰める
3_ こんにゃくを1.5cmほどの厚さに切り、お湯で茹でこぼす。豆腐はキッチンペーパーに包んでザルにのせて水切りする
4_ こんにゃくと豆腐に串を2本挿し、上に2の田楽味噌を塗って焼く。焼き上がったら、好みでごまや山椒の実・ゆずの皮などを振る

POINT
田楽味噌を白味噌で作る場合、砂糖は入れなくてもOK。八丁味噌を使う場合は、みりんと砂糖を多めに入れる。豆腐は焼き豆腐が扱いやすくてオススメ。

きのこの炊き込みご飯風

材料（4人分）

米…2合　水…360ml
きのこ類（しめじ・しいたけ・
エリンギ・えのきなど）…300g
油揚げ…1枚　サラダ油…大さじ2
塩・コショウ…適量　ネギ…適量
三つ葉…適量

A：調味料

ナンプラー（またはしょうゆ）…大さじ2
みりん…大さじ2　顆粒だし…小さじ1
塩…小さじ1　コショウ…適量

作り方

1_ きのこ類と油揚げを食べやすい大きさに切る。米は洗って10分ほどザルに上げておく
2_ ダッチオーブンに米と水を入れ、蓋をして沸くまで強火で熱する。蓋から湯気が出てきたら弱火で12分熱し、火から下ろして15分蒸らす
3_ フライパンにサラダ油を引き、きのこと油揚げを炒める。全体に油が回ったらAの調味料を入れて味付けする
4_ 炊き上がったご飯に炒めた3を汁ごと入れる。全体を混ぜ合わせ、塩・コショウで味を整える
5_ 強火で3分ほど火にかけておこげを作る。仕上げに小口ネギや三つ葉を振る

POINT

きのこを炒める時に、ニンニクやショウガのみじん切りを入れても美味。

アマゴの南蛮漬け

材料（2人分）

アマゴ…2尾　パプリカ…1/3 個
タマネギ…1/2 個　ニンジン…1/3 本
片栗粉…適量　塩・コショウ…適量
揚げ油…適量

A：漬け汁

酢…100cc　砂糖…大さじ 3　塩…ひとつまみ
ナンプラー…小さじ2　赤唐辛子輪切り…1本分

作り方

1_ アマゴをよく洗って内臓を処理する
2_ タマネギはスライス、パプリカとニンジンは千切りにする
3_ アマゴに塩・コショウ、片栗粉を薄めにはたき、低温からじっくり油で揚げる
4_ 揚がったら、野菜→アマゴ→野菜の順にタッパーに入れる
5_ 鍋にAの汁を入れ、火にかけ砂糖を溶かす
6_ 汁が温かいうちに 4 に注ぎ、全体に汁を絡めて、落としラップをして冷ます

POINT
すっぱいのが苦手な場合は酢を 20cc ほど減らして水を足す。ナンプラーがなければ、しょうゆでもOK。甘めが好きなら砂糖を足して。

ブルーベリーの蒸しミルクプリン

口当たり爽やか

材料（4個分）

卵…3 個　ブルーベリー…20 粒
砂糖…30g　牛乳…200cc　練乳…150cc
バニラエッセンス…適量

作り方

1_ ボウルに卵を溶き、砂糖、牛乳、練乳、バニラエッセンスを入れてよく混ぜる。砂糖をきちんと溶かしてザルで濾す
2_ プリンカップに 1 の液とブルーベリー（各カップ 3 ～ 4 粒）を入れ、アルミホイルで蓋をする
3_ 鍋の底に網かキッチンタオルを敷き、カップの 3 分の 1 が浸かる程度の水を入れて加熱する。沸騰したらごく弱火にして、カップを入れて鍋に蓋をする
4_10 分ほど加熱してゆるめに固まったら火を止め、そのまま 15 分ほど保温して固める
5_ 粗熱が取れたら、保冷バッグなどで冷やし、飾りのブルーベリーと練乳（分量外）をかける

静岡エリア

[Shizuoka Area]

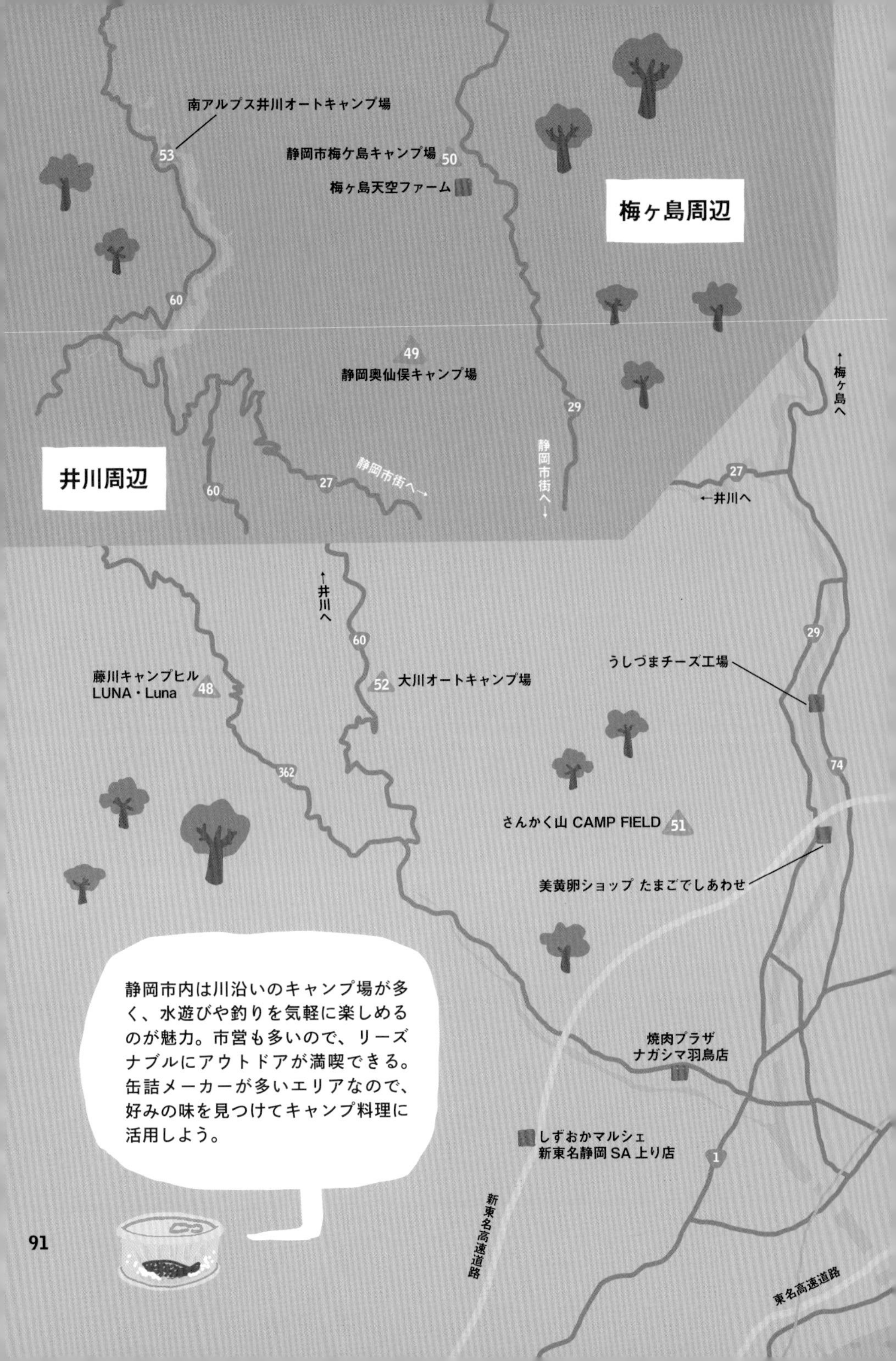

静岡市内は川沿いのキャンプ場が多く、水遊びや釣りを気軽に楽しめるのが魅力。市営も多いので、リーズナブルにアウトドアが満喫できる。缶詰メーカーが多いエリアなので、好みの味を見つけてキャンプ料理に活用しよう。

オートサイトは広々としていて、大きめのテントを張っても余裕たっぷり

45

浜石野外センター

タイプ／林間　サイト／土

フリー　区画　電源　オート　バンガロー　直火　ペット

炊事場　給湯設備　風呂　シャワー　洗濯機　水洗トイレ　WiFi

予約方法／電話で仮予約後、ウェブサイトから申請書をダウンロードして郵送またはFAX（054-352-7732）

料金／区画サイト1040円、オートサイト2180円、ログハウス5230円

静岡市清水区の北東にある浜石岳は、JR由比駅から山頂まで歩いて3時間前後と好アクセス。ハイキングコースも整備され、初心者でも気軽に登れる低山として人気を集めている。標高は707mで、山頂からは富士山や駿河湾、伊豆半島、三保半島が見渡せる。視界に広がる360度の大パノラマに心奪われ、何度も足を運ぶファンも多いという。

そんな山頂の広場から2㎞ほど下ったところにあるのがここ。昭和49年に造られた市営の宿泊体験施設ではあるものの、眺めも良く、木々が生い茂り、サイトはほどよい日陰。ある意味、穴場的なスポットといえるだろう。

中央の広場がオートサイトで、広さは1組10m×10mと余裕たっぷり。区画サイトは地形に沿って区分けされ、プライベート感がある。西側のサイトは林の中にあり、サバイバル感覚を味わえる（ただし、火事防止の

海・山・絶景を楽しむ穴場スポット

海と空が広がる絶景の浜石岳

上／区画サイトは好きな場所を自分で選べる　下／コインシャワーも完備（3分100円）

頂上からは富士山も望める

子どもが遊べる遊具も!

ため焚き火はNG)。
　昼夜通じて、管理人が常駐しているから何かあっても安心。車なら由比港から20分ほどでたどり着けるので、午前中は釣りに興じ、午後からキャンプを楽しむ人もいるという。海、山、そして絶景。静岡の自然を満喫したい人にオススメのレジャースポットだ。

DATA 静岡市清水区由比阿僧934-6／☎054-375-4105／**営**通年／**休**年末年始（12/29～1/3）／**IN**13：00／**OUT**11：00／**サイト数**18／**交通**JR由比駅から車で20分／**ゴミ**持ち帰り／https://www.city.shizuoka.lg.jp/000_007025.html

おいしい情報 》 車で20分で行ける由比漁協直売所には、地元名物のサクラエビやシラスを使った加工品がいっぱい!

ひっそりとした隠れ家的なキャンプ場

上／聞こえてくるのは布沢川のせせらぎだけ　下／水辺に咲く花々も美しい

静かな大人の時間を楽しむ

サイトは木陰が多く涼しげ

46 清郷《きよさと》キャンプ場

予約方法／電話（受付 9：00 ～ 17：00）
料金／ 1 人 2000 円（デイキャンプ 1 人 1000 円）

タイプ／林間・河畔　**サイト／土・砂利**

フリー　区画　電源　オート　バンガロー　直火　ペット
炊事場　給湯設備　風呂　シャワー　洗濯機　水洗トイレ　WiFi

バーベキュー場だった施設が、4年前にリニューアル。布沢集落の奥にあり、ひっそりとした雰囲気に魅せられてリピーターになる利用者も多いという。定員は10組程度で大人(中学生以上)限定のため、ゆっくりと過ごしたい人にはうってつけ。場内は常に川の心地よいせせらぎに満たされ、日中は鳥の声、夜は星空、6月はホタルが舞う姿も楽しめる。サイトは木々に囲まれているから、ハンモックの持参がオススメ。入浴施設はないものの、西里温泉「やませみの湯」が車で10分程度と好アクセスだ。

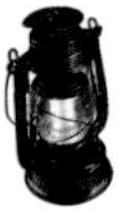

レトロな雰囲気の管理棟

DATA 静岡市清水区布沢／☎ 090-5100-6247 ／ **営** 4 月～ 11 月／**休**なし／ **IN**10：00 ／ **OUT**11：00 ／**サイト数** 10 ／**交通**新東名新清水 IC から車で 30 分／**ゴミ**持ち帰り／ https://kiyosatocampbbq.wixsite.com/mysite

おいしい情報 清水の市街地方面から向かう途中にある「産直プラザふれっぴー小島店」で、地元農家が作る新鮮な農産物が手に入る！

無料なのに高クオリティー！

杉尾山からは絶景が望める

露天風呂もある
「やませみの湯」

黒川で水遊びが人気

富士山だ！

47 清水森林公園 黒川キャンプ場

タイプ／林間・河畔　サイト／土

フリー　区画　電源　オート　バンガロー　直火　ペット

炊事場　給湯設備　風呂　シャワー　洗濯機　水洗トイレ　WiFi

予約方法／電話で仮予約後、ウェブサイトから申請書をダウンロードして郵送
料金／無料

竜爪山のふもと、清水森林公園の一画にあるキャンプ場。最大のポイントは何といっても利用料が無料なこと。サイトは6m×7mと小規模ながら、適度に木陰があって過ごしやすい。周りには食事処や加工品直売所、西里温泉「やませみの湯」もあって、まさに至れり尽くせり。脇を流れる黒川は水深が浅く、夏場は子連れのファミリーで賑わう。せせらぎに耳を傾けてのんびりするもよし、ボードウォークをのんびり歩くもよし。1時間半ほどで登れる杉尾山の頂上からは、360度の大パノラマを楽しめる。

加工直売所「笑味の家」で野菜や総菜をゲット！

DATA 静岡市清水区西里 1310-1／☎ 054-395-2999／**営**通年／**休**月曜、12/29～1/5／**IN**11：00／**OUT**10：00／**サイト数** 33／**交通**新東名新清水 IC から車で 30 分／**ゴミ**持ち帰り／ http://www.chabashira.co.jp/shinrinkanri/

おいしい情報 キャンプ場の西側にある農産物直売所「両河内特産市」は水・土・日曜にオープン。春先に並ぶタケノコは地元の名産品だ。

「缶詰」

静岡は缶詰王国！キャンプご飯のお供にいかが？

しろつな（伊豆川飼料）398円
ビンチョウマグロの白身を厳選し、野菜スープで味付けしたツナ缶。サラダや炊き込みご飯などに使うのがオススメ。

釜揚しらす（山梨缶詰）432円
県内の港で水揚げされたシラスを釜揚げにして缶詰に。シンプルにご飯にかけるのもよし、ピザやアヒージョの具材にしてもよし！

サバカリーインドカリー仕立て（清水食品）378円
新宿中村屋と共同開発した本格カリー味のサバ缶。ココナッツミルクを使用したマイルドな味わいのカレーの中に、肉厚なサバがゴロリ。

焼津の網元 カツオ荒ほぐし こめ油漬（いちまる）380円
自社が保有する船で獲れたカツオのみを使い、国産野菜のスープとコクのあるこめ油で味付け。サラダやお好み焼きの具材に使っても美味。

清水もつカレー（はごろもフーズ）432円
静岡市清水区発祥のご当地グルメ「もつカレー」。やわらかく煮込まれた国産豚もつを、ダシの効いた和風カレーで味付け。

静岡県はマグロ・カツオ缶詰の生産量が日本一。特に焼津港や清水港の周辺地域には多くの缶詰メーカーがあり、ツナ缶のみならずバラエティーに富んだ商品が生み出されている。新東名静岡SA上り店内・しずおかマルシェの一角にある「缶詰王国静岡」には、県内産を中心に約80種類の缶詰がずらり。そのまま食べるもよし、料理の材料に活用するもよし。アウトドアにぴったりの缶詰を手に入れて、ひと味違うキャンプご飯を楽しんでみてはいかが？

しずおかマルシェ
新東名静岡SA上り店

静岡市葵区小瀬戸1544-3／☎054-295-9011／**営**24時間／**休**なし
新東名静岡SA内にある土産店。静岡の缶詰がずらりと並ぶ「缶詰王国静岡」コーナーのほか、静岡おでんのレトルトや黒はんぺん、わさび、シラスの加工品など、地元ならではの商品が数多くそろう。

標高は730m、雲海が出現することも

あずまやでのんびり休憩もできる

清潔感のあるシャワー室

ゆる〜い雰囲気が女性に人気

鳥や虫の声が聞こえるよ

←左へ
管理棟前でSTOP

場内を散歩するのも楽しい

手描きの看板が目印！

この坂の上
LUNA·Luna
だよ！

48

藤川キャンプヒル LUNA・Luna
（ルナ・ルナ）

タイプ／林間　サイト／土・砂利

フリー　区画　電源　オート　バンガロー　直火　ペット

炊事場　給湯設備　風呂　シャワー　洗濯機　水洗トイレ　WiFi

予約方法／電話・ウェブ（連休はウェブのみ）
料金／入場料（大人500円、小学生300円）+サイト料（3500円〜）

入り口を抜けると、看板ヤギのアンジーちゃんがお出迎え。場内には管理人の高野瀬恵子さんが描いたイラスト入りの案内が至るところにあり、いい意味でゆるい雰囲気が漂っている。山小屋風の管理棟やレトロな炊事場など、一つひとつが愛らしく、女性ソロキャンパーの利用が多いというのも納得。サイトはそれぞれ地形を生かして作られていて、一番人気の「見晴らし丘サイト」からは、駿河湾や伊豆半島を一望できる。シャワーやトイレ（和式）が清潔に保たれているのも、うれしいポイント！

ようこそ！

看板ヤギのアンジーちゃん

DATA 静岡市葵区黒俣2735／☎080-1568-3302／**営**4月〜11月／**休**平日の火〜木曜／**IN**13：00／**OUT**11：00／**サイト数**53／**交通**新東名静岡SAから車で30分／**ゴミ**持ち帰り／https://camp-lunaluna.com

おいしい情報 》 車で5分で行ける大畑牧場は土日限定でカフェをオープン。ソフトクリームが人気なんだって！

手作り感満点、まさに秘境！

静かな時間が流れる広場

ハンモック広場で読書を満喫

囲炉裏でBBQを楽しもう

49 静岡奥仙俣キャンプ場

予約方法／電話・ウェブ
料金／入場料（大人1000円、小中学生500円）+駐車料（車1000円、バイク500円）

タイプ／林間・河畔　**サイト／土**

フリー　区画　電源　オート　バンガロー　直火　ペット
炊事場　給湯設備　風呂　シャワー　洗濯機　水洗トイレ　WiFi

脇を流れる仙俣川で水遊びもできる

管理人の丸山さんは元中学校教師

仙俣川沿いの集落を抜け、山道を進んでいくと到着。元はアマゴの養殖場だった敷地を、管理人の丸山好晴さんが整備して2018年にオープンした。手作り感あふれるキャンプ場で、囲炉裏やピザ釜、ハンモックといった設備が自由に利用できるのが魅力。テントやタープ、ガスコンロなども、なんと無料で借りられる。直火NGだが、2カ所だけOKのサイトがあるので興味があれば聞いてみて。秋は紅葉が美しく、星空の眺めも抜群。車で30分で口坂本温泉へ行けるので、のんびりと湯を楽しむキャンパーも多いそう。

DATA 静岡市葵区奥仙俣370／☎090-4465-3670／**営**通年／**休**火～木曜／**IN**12：00～15：00／**OUT**11：00／**サイト数**10／**交通**新東名新静岡ICから車で45分／**ゴミ**持ち帰り／http://www.okusenmata-camp.com

おいしい情報 県道27号沿いにあるJA静岡市玉川事務所で、地元の女性部が第2日曜・第3金曜に青空市を実施。午前9時～正午の間、地元で採れた農産物が販売されるよ。

新緑や紅葉に心癒やされる

秋は紅葉が美しい

隣接する広場は
手持ち花火 OK

バンガローは 1 組 8800 円

梅ケ島新田温泉「黄金の湯」は車で 10 分

50
静岡市梅ケ島キャンプ場

タイプ／林間・河畔　サイト／土・砂利

予約方法／ 1 週間前までに 090-2773-4026 へ電話（夏休み期間中はウェブサイトで確認を）
料金／テント 1 張 670 円（70 歳以上 340 円）

梅ケ島温泉に向かう途中にある市営のキャンプ場。約5万㎡の広大な敷地は全面フリーサイトで、定員に達してもスペースたっぷり、隣を気にすることなくキャンプできる。新緑や紅葉が美しい木々が生い茂り、日陰も十分。ハンモックの使用OKなので、のんびりとした時間を過ごすにはうってつけだ。入浴は車で10分で行ける「黄金の湯」へ。赤水の滝を見にハイキングへ出かけたり、魚魚の里でヤマメ釣りに興じたりと、周辺観光も併せて楽しみたい。

荷物運び用のリアカーが借りられる

DATA 静岡市葵区梅ケ島 3198 地先／ ☎ 054-221-1071 ／ **営**通年／ **休** 12/29 ～ 1/3 ／ **IN**12：00 ～ 17：00 ／ **OUT**10：00 ／ **サイト数** 50 ／ **交通**新東名新静岡 IC から車で 80 分／ **ゴミ**持ち帰り／ https://www.city.shizuoka.lg.jp/972_000042.html

おいしい情報 》 梅ケ島街道沿いにある休憩所「真富士の里」には、ワサビやしいたけなど地場産品がずらり！

ビギナーも安心の設備がいっぱい

市街地に近く、デイキャンプも気軽に楽しめる

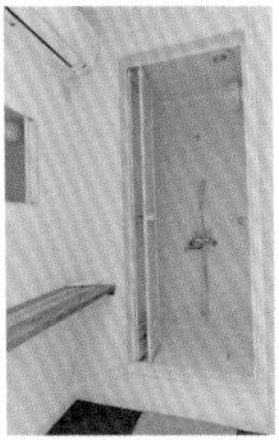

シャワー室はなんとエアコン付き

水辺の生き物を探そう

場内にはビオトープや水遊びができる沢も

キッチンやトイレなど充実した設備のトレーラー

静岡

51

さんかく山 CAMP FIELD

予約方法／ウェブ
料金／ベーシックエリア（4人まで）5500円、ドッグランエリア（6人まで）9900円、トレーラー（4人〜）22000円、デイキャンプ 3300円

タイプ／林間　サイト／砂利

フリー　区画　電源　オート　バンガロー　直火　ペット
炊事場　給湯設備　風呂　シャワー　洗濯機　水洗トイレ　WiFi

カジュアルなキャンプ場が2021年4月、静岡市の内牧にオープン。シンボルである三角型の山の周辺に設けられたサイトはすべてウッドデッキ付きで、ドッグランサイトとトレーラーはペット同伴OK。ビオトープで生き物を観察したり、週末に開かれる工作体験に参加したりと、子どもが喜ぶ要素もたっぷりある。市街地から車で20分とアクセス良好で、いつでも買い出しに行けるからキャンプビギナーも安心。管理棟で買える富士山岡村牛やLYB豚はBBQにぴったり！

何でも聞いてね

管理人の岩谷晴香さんは元イルカトレーナーで生き物の知識が豊富！

DATA 静岡市葵区内牧 955 ／☎ 054-297-3939 ／**営**通年／**休**不定／**IN**11：00 ／ **OUT**10：00 ／**サイト数** 14 ／**交通**新東名新静岡 IC から車で 20 分／**ゴミ**可燃物のみ 500 円で引き取り／ https://select-type.com/p/sankakuyama

おいしい情報 車で 10 分の本山製茶で、地元で育てられたこだわりの緑茶が購入できる。近くにある「いちごのうかのおやつ GRIS」のイチゴスイーツと一緒に楽しもう。

52

大川オートキャンプ場

予約方法／電話またはウェブ
料金／サイト料 5000 円、貸し切り 30000 円

DATA 静岡市葵区坂ノ上 624-2 ／☎ 054-291-2034 ／**営**通年／**休** 8/13 ～ 15、12/30 ～ 1 月第二週の金曜／ **IN**8：00 ／ **OUT**18：00 ／**サイト数** 6 ／**交通**新東名静岡 SA から車で 30 分／**ゴミ**持ち帰り／ https://ohkawahouseunion.wixsite.com/ohkawa

上／場内には自由に利用できる電源もある　右／夏は藁科川で水遊びしよう

藁科川沿いにあるアットホームなキャンプ場。サイトは10m×10mの区画が6カ所あり、貸し切りで楽しむ人も多い。「田舎をのんびり楽しんでほしい」という思いから、チェックアウトの時間は午後6時までと余裕たっぷり。民家からも近いので、初心者も安心して夜を過ごせる。入浴は車で15分の湯ノ島温泉が便利。BBQを楽しみたい人に向けた日帰りプランもある。

タイプ／河畔　**サイト／土**

＼温泉もあるよ／

53

南アルプス井川オートキャンプ場

予約方法／電話
料金／入場料（大人 300 円、中小学生 100 円、未就学児無料）+サイト料 3500 円

DATA 静岡市葵区田代 449-2 ／☎ 054-260-2322 ／**営** 4 月第 4 土曜～ 5 月、7 月～ 11 月第 1 週／**休**なし／ **IN**13：00 ／ **OUT**11：00 ／**サイト数** 41 ／**交通**新東名新静岡 IC から車で 120 分／**ゴミ**持ち帰り

上／別途 1000 円で電源の利用も可能　右／場内の池でカヌー体験もできる

大井川の上流にある、南アルプスの山々に囲まれたキャンプ場。温泉が人気で、これを目当てに訪れる日帰り観光客も多い。すべてオート区画サイトで、広さは5m×7m。狭ければ車を無料駐車場に止めることもできる。気温はふもとよりも5度程度低めで、秋の紅葉も見どころの一つ。周囲に売店がないので食料や衣類は忘れずに持参しよう。

タイプ／林間・河畔　**サイト／芝**

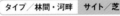

オススメ！

静岡エリアの買い出しスポット

新鮮野菜のほか、イチゴやミカンなど特産フルーツも季節ごとに並ぶ

〈JA 静岡市ファーマーズマーケット 南部じまん市〉

銘柄肉に新鮮野菜、地場産品が勢ぞろい

売り場の広さは、市内のじまん市の中でナンバー 1。通年で買える原木しいたけのほか、初夏はトマトやソラマメ、秋はジャガイモやサツマイモなど、旬の地元野菜がずらりと並ぶ。地元の銘柄牛や県産豚肉、卵など、キャンプ料理にぴったりの食材も充実！

DATA 静岡市駿河区曲金 5-4-70 ／☎ 054-203-4118 ／**営** 9：00 ～ 18：00 ／**休**なし

〈焼肉プラザ ナガシマ羽鳥店〉

肉好きにはたまらない！BBQ セットが便利

ハラミや牛タンなど人気部位のほか、串ものやホルモンなど BBQ 食材が豊富にそろう精肉店。お得なバーベキューセット（4 ～ 5 人前 1500 円～）が人気で、オリジナルのタレで味付けしてくれるサービスが嬉しい。静岡おでんに欠かせない豚モツ（冷凍）も買える！

DATA 静岡市葵区羽鳥本町 4-28 ／☎ 054-277-2905 ／**営** 9：00 ～ 18：00 ／**休**水曜

牛・豚・鶏の各部位はもちろん、焼き豚・フランクなども買える

美黄卵 10 個入り 1 パック（300 円）

〈美黄卵《びおうらん》ショップ たまごでしあわせ〉

コクがあって新鮮!養鶏場直売の「美黄卵」

清水養鶏場のオリジナルブランド「美黄卵」の直売所。鶏の生卵や温泉卵のほか、シフォンケーキ、プリンなどのスイーツも豊富にそろう。自家飼料で育てた鶏の卵はコクがあって新鮮、自動販売機なら 24 時間いつでも卵が買える！

DATA 静岡市葵区遠藤新田 41-3 ／☎ 054-296-0064 ／**営** 8：30 ～ 17：00 ／**休**なし

〈うしづまチーズ工場〉

燻製にぴったりのカチョカヴァッロチーズ

ジャージー牛の風味豊かな牛乳を使ったチーズがそろう人気店。フレッシュチーズを乾燥させたカチョカヴァッロは熱を入れても形が崩れないから、燻製の食材にぴったり。パンにのせてトーストにするもよし、ハチミツをかけてワインのお供にするもよし！

DATA 静岡市葵区牛妻 538-1 ／☎ 054-294-9300 ／**営** 11：00 ～ 16：00 ／**休**火曜

ひょうたん型の見た目がユニークなカチョカヴァッロ（100g1000 円）

〈梅ヶ島 天空ファーム〉

しいたけ狩り体験は 1500 円～

静岡のマチュピチュで育てた原木しいたけ

静岡のマチュピチュ・梅ヶ島大代地区にある農園の直売所。ほだ木にクヌギを使った原木しいたけ（100g150 円）は肉厚で、風味も豊か。事前に予約すればしいたけ狩りの体験もできる。7 月中旬～ 11 月に販売される天空トマト（1 個 100 円）も要チェック！

DATA 静岡市葵区梅ヶ島 2512 ／☎ 054-269-2006 ／**営** 10：00 ～ 15：00 ／**休**月・水・金・土曜

〈北川牧場〉

知ってる?お茶を飲んで育った「TEA 豚」

興津にある北川牧場の TEA 豚（ティートン）は、その名の通り静岡の緑茶を飲ませて育てた銘柄豚。肉質はきめ細やかで、脂身あっさり。1 週間前に予約すれば冷蔵肉を購入できる（1kg2700 円）。ハム・ベーコンなどは「JA しみずグリーンセンター」で販売中。

DATA 静岡市清水区承元寺町 93 ／☎ 090-1988-4395

ロースやバラを塊で販売（1kg2700 円、注文は約 2 kgから受け付け）

〈清水魚市場 河岸の市〉

地元の名物・倉沢のアジが店頭に並ぶことも

海鮮BBQはお任せ! マグロのカマで塩焼きも

清水港で日本一の水揚げを誇るマグロのほか、シラスやサクラエビなど新鮮な魚介類が手に入る海鮮市場。伊勢エビやサザエ、アワビ、ホタテなど、海鮮BBQの定番具材もお任せ。キャンプで味わうなら、マグロのカマやホホ肉の塩焼きもオススメだ。

DATA 静岡市清水区島崎町 149 ／☎ 054-355-3575 ／**営** 9：30 ～ 17：30 ／**休**水曜

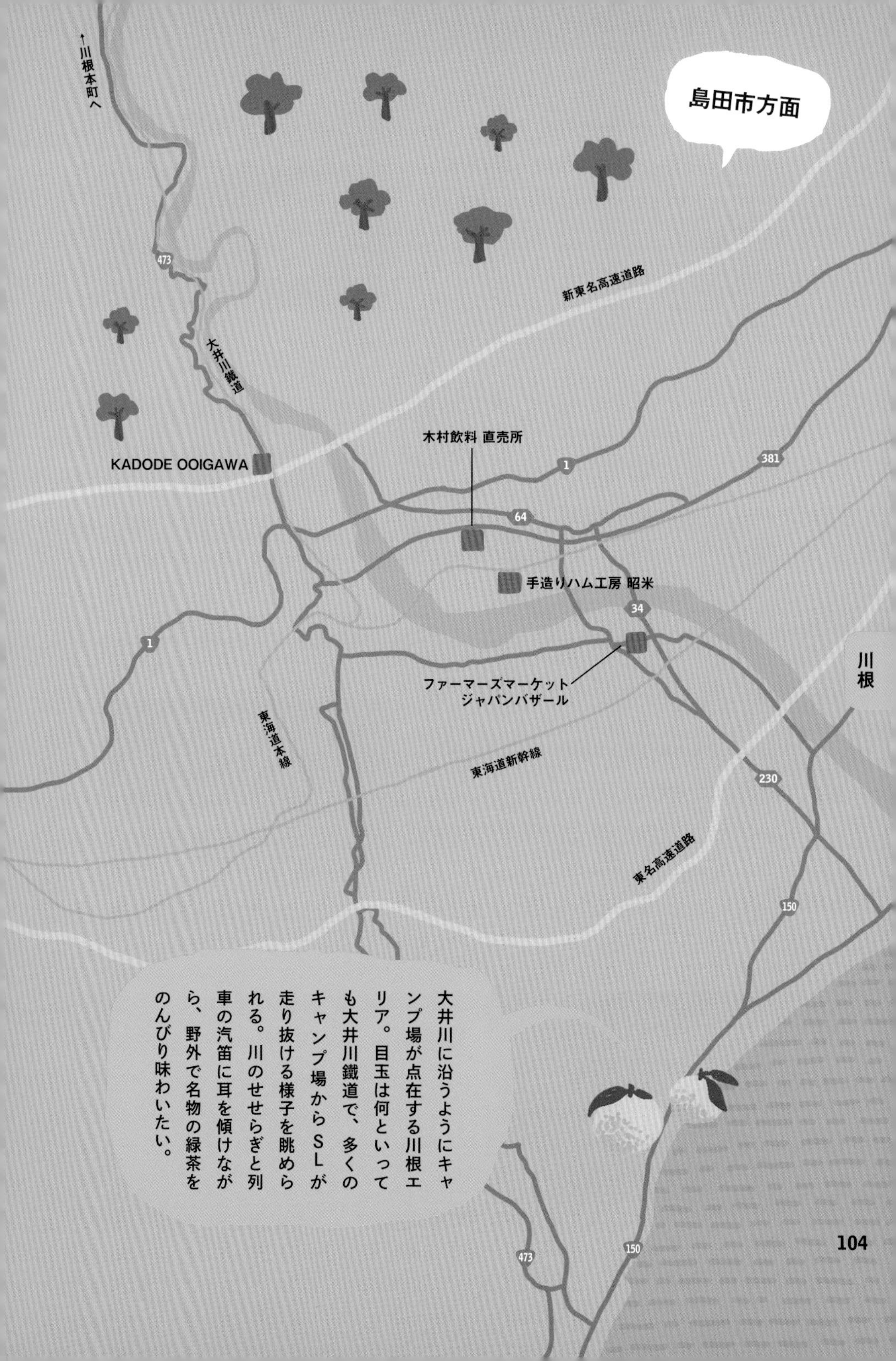

大井川に沿うようにキャンプ場が点在する川根エリア。目玉は何といっても大井川鐵道で、多くのキャンプ場からＳＬが走り抜ける様子を眺められる。川のせせらぎと列車の汽笛に耳を傾けながら、野外で名物の緑茶をのんびり味わいたい。

川根本町方面
アプトいちしろキャンプ場
58
池の谷ファミリーキャンプ場
59
60
八木キャンプ場
77
南アルプス
ジビエ牧場
57
鉄橋の杜キャンプ場
362
大井川鐵道
三ツ星オートキャンプ場
56
362
362
三ツ星村
54
不動の滝自然広場オートキャンプ場
32
63
くのわき親水公園
キャンプ場
55
やまめ平
島田市へ→

川根エリア

[Kawane Area]

雑木林のサイトは木陰が多くて涼しげ

54

不動の滝自然広場オートキャンプ場

タイプ／林間・河畔　サイト／土

予約方法／ウェブ
料金／入場料（大人 2750 円 ※ハイシーズンは 3300 円、小学生 550 円）+駐車料金（車 1100 円、バイク 550 円）

「夕飯の後は、ＢＡＲでちょっと一杯やりたい」。そんな夢のような願いが叶うのがここ。週末の夕方になるとヴィラサイトにＢＡＲがオープンし、クラフトビールやカクテル、ウイスキーなどのお酒が楽しめる。コーヒーやジュースなども注文できるから、子ども連れでも利用ＯＫ。しっとりした雰囲気のミニ酒場で、キャンパー同士の会話も弾みそう。

キャンプ場のもうひとつの目玉は「Ｓｌｏｗ ＢＢＱ」。事前に注文すれば、季節のＢＢＱ料理がフルコースで味わえる。例えば、前菜はタコのマリネ、生ハム、キッシュ、キャロットラペなどの盛り合わせ。メインは肉や海鮮のほか、地元の川魚や野菜も盛り込まれ、それらを岩塩やバジルソースでいただく。前菜以外は自分たちでグリルするスタイルで、気軽に豪華ＢＢＱが楽しめる人気メニューだ。

木立に囲まれたサイトは木漏

カフェのような管理棟（受付）ではコーヒーを販売

管理棟を飾る小物がオシャレ

週末の夕方に出現するBARはキャンパー同士の交流の場

週末の夜はキャンプBARで乾杯！

ヴィラサイトに常設されている大型テント

サイトの脇を流れる清流は浅く、子どもの水遊びに最適

れ日が気持ちよく、すぐ横を川が流れていて夏場は水遊びもできる。早起きした朝は散歩がてら不動の滝まで歩くのもいいだろう。ビギナーも上級者も満足することは間違いなしのおしゃれなキャンプ場だ。

BBQ料理はどれもお酒がすすむものばかり

DATA 榛原郡川根本町下泉1122／☎0547-56-1600／**営**9：00～18：00／**休**月・火曜（祝日の場合は休日明けの2日間休業）／**IN**14：00／**OUT**12：00／**サイト数**19／**交通**新東名島田金谷ICから車で40分／**ゴミ**引き取り（ゴミ袋300円、ビン缶は持ち帰り）／http://www.ffnpcs.com

おいしい情報 食材の調達は車で5分で行ける昔ながらのスーパー「魚勇 下長尾店」へ。焼津のマグロ、三陸のカツオなどの魚がそろっているよ。

広々として開放感たっぷり

手入れされた芝が美しい
私が整備しています

JA大井川のお茶も販売

子ども用の遊具あり。希望すれば水場も作ってくれる

バーベキュー棟を完備！（利用は大人500円、小人250円）

川は浅瀬で水遊びができる

55

くのわき親水公園キャンプ場

くのわき親水公園
キャンプ場
入口

タイプ／林間　サイト／芝

フリー　区画　電源　オート　バンガロー　直火　ペット

炊事場　給湯設備　風呂　シャワー　洗濯機　水洗トイレ　WiFi

予約方法／電話（受付8：00～17：00）
料金／入場料（大人300円、小学生150円）+駐車料（車300円､バイク150円）+サイト料金（フリー1500円、オート2500円）

三方を大井川で囲まれた広大な敷地の総面積は、なんと約4万㎡。およそ100組のキャンパーを収容するサイトは、全面芝で開放感たっぷりだ。地元の人々がこまめに芝刈りやゴミ拾いをしているから、場内は清潔そのもの。バーベキュー棟や水遊び場、コインランドリー、WiFiなど、設備も充実していてファミリーや初心者も安心して利用できる。家族連れで行くと、次回使える1000円分の割引券がもらえるのもうれしいポイント！近くには川根一長い恋金橋（塩郷の吊橋）や塩郷ダムなど観光スポットも多い。

スリル満点の恋金橋もすぐ近く

DATA 榛原郡川根本町久野脇280／☎0547-56-1781／**営**通年／**休**なし／**IN**12：00／**OUT**11：00／**サイト数**約100／**交通**新東名島田金谷ICから車で45分／**ゴミ**引き取り／https://www.kunowaki.net

おいしい情報》 近所にアマゴの養殖場があり、2日前までに電話すれば当日、アマゴをキャンプ場まで届けてくれる。1尾200円（わた抜き済みは230円）。注文は090-5860-1032（坂本政司さん）まで。

サイトは日当たり良好、夕方は涼しく過ごせる

多彩なワークショップが子どもに人気

川は護岸整備されているので安心

捕まえたヤマメは塩焼きにして食べる

ピザ窯は無料で借りられる

56

タイプ／河畔　サイト／砕石

フリー　区画　電源　オート　バンガロー　直火　ペット
炊事場　給湯設備　風呂　シャワー　洗濯機　水洗トイレ　WiFi

三ツ星オートキャンプ場

予約方法／ウェブ
料金／オートキャンプ 5000 円（平日は割引あり）

ファミリーでキャンプを楽しんでもらいたいと、週末や連休に子どもから大人まで参加できるワークショップを多数実施。ピザ作りやかき氷作り、ヤマメのつかみ取りをはじめ、かまどで炊き込みご飯を炊く「へっついまんま」といった珍しい体験を行うことも。目の前を流れる長尾川は水深が浅く、流れも緩やかで、子どもの川遊びにはもってこいだ。低めの植栽で区切られたサイトと、グループで利用するのに適したロープで区画されたサイトがあり、どちらも料金は同じ。美しい夜空を眺めながら過ごす夜は格別！

週末の朝に有精卵（350円）を販売することも

DATA 榛原郡川根本町上長尾 1143／☎ 090-2137-2551／**営** 3 月下旬～ 11 月末／**休**なし／**IN**13：00／**OUT**11：00／**サイト数** 47／**交通** 新東名島田金谷 IC から車で 40 分／**ゴミ** 可燃物、ペットボトル、空き缶、段ボール引き取り／ http://kawanelife.org/camp

おいしい情報 新東名島田金谷 IC すぐそばの「KADODE OOIGAWA」には肉や刺身、野菜、総菜など、大井川流域のグルメが豊富にそろう!

川根エリアの逸品
IPPIN

［ゆず］

キャンプ飯が引き立つ 知る人ぞ知る名物

香り爽やか

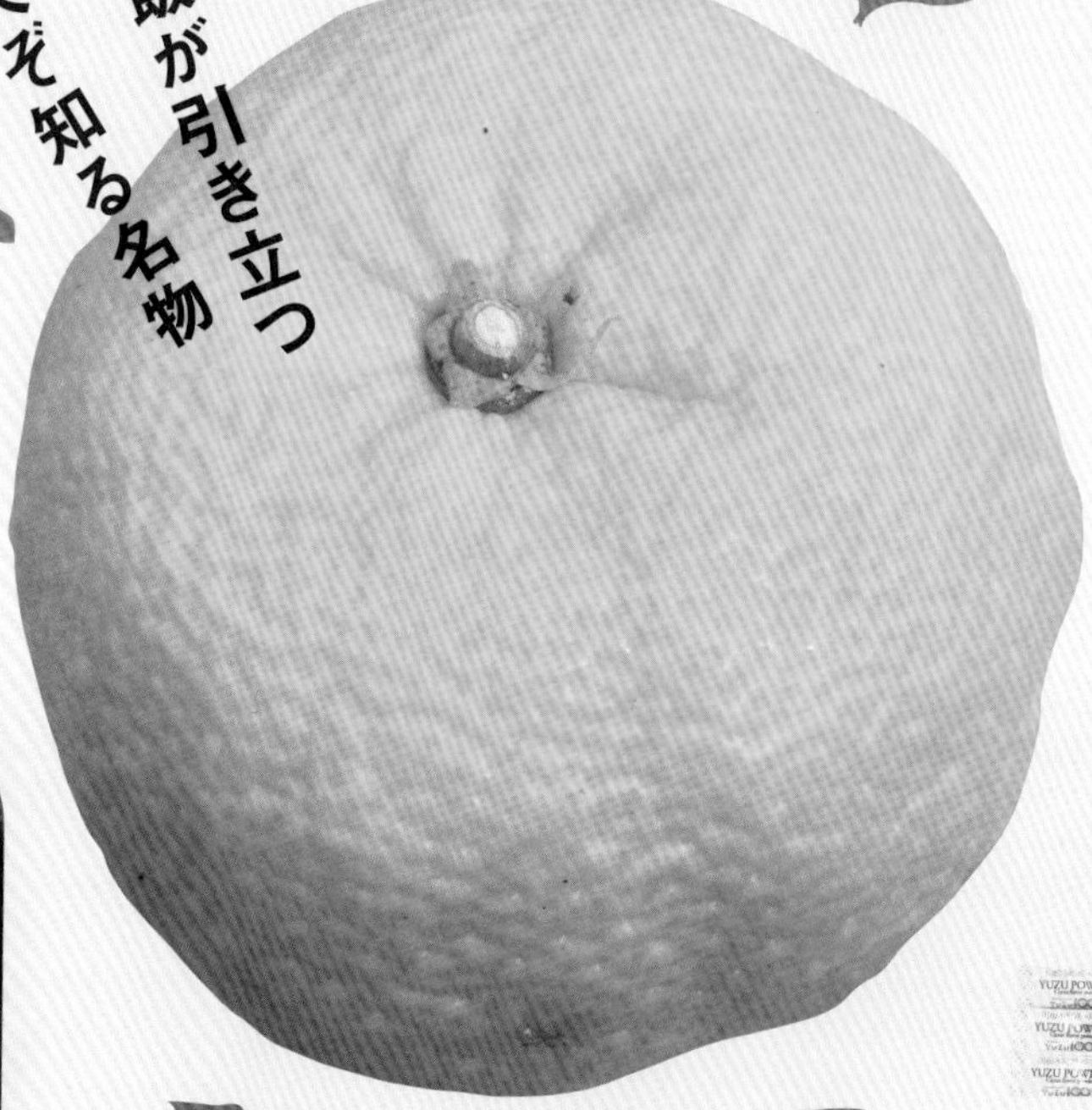

ゆずポン酢 290mℓ（500円）

ゆず粉（缶）
15g（864円）

ゆずパウダー
1g × 5 本（450円）

川根本町といえばお茶のイメージが強いが、実は「ゆず」の生産も盛ん。約40年前、茶農家たちが「お茶の農閑期に出荷できるものを」と着目したことがそもそもの始まりだ。高地特有の寒暖差や、日当たりや水はけの良さなどが栽培に適していて、現在は県内ナンバーワンの生産量を誇っている。

川根本町産の特徴は、果皮が厚いこと。爽やかな香りの成分は果皮に含まれるため、厚い皮は香りが豊かな証拠でもある。そんなゆずの皮と実を粉末にした100%無添加の「ゆず粉」は、焼肉や炒め物と相性抜群。風味を損なわないよう、調理直後に振りかけるのがポイントだ。川根本町の企業 KAWANE SENSE が開発した商品で、焼酎のお湯割りや炭酸水にもよく合う。ゆず粉を使った「ゆず味噌」は生野菜に付けて食べると美味！ いつものキャンプ飯が格段に変わるはず。

三ツ星村

榛原郡川根本町下泉 204-5 ／☎ 0547-56-1677 ／**営** 10：00 ～ 15：00 ／**休**水・木曜（臨時休業あり）
地元のお母さんたちが営む食堂。ゆず商品を扱うほか、町の名物「大根そば」やおでんなど軽食を提供する。

鉄道好きにはたまらない眺め

目の前を鉄道が走り抜けていく

キャビンは8000円+入場料で利用可能

サイトは細かな砂利が敷かれていて快適

広葉樹の薪は4kg500円

57 鉄橋の杜キャンプ場

タイプ／河畔　**サイト**／砂利

予約方法／電話
料金／サイト料（3000円～）+入場料（300円）+駐車料（車500円、バイク200円）

鉄道&キャンプ好きのオーナーが「自分が行きたいキャンプ場をつくろう」と思い立ち、2017年にオープン。サイトの眼前には大井川が流れ、鉄橋を時折、大井川鐵道の電車やSLが走り抜けていく。テントサイトは4カ所と小規模だが、どの場所からも鉄道が見られるのはうれしい限り。一番人気のCサイトが最も鉄橋に近く、他のサイトから離れていてプライベート感も十分だ。シャワーは水のみで石けんの使用NGだが、車で行ける距離に温泉があるので入浴には困らない。風がやや強めなのでペグ打ちは抜かりなく。

トイレ・流し場はサイトの近くに

DATA 榛原郡川根本町崎平566／☎080-5199-3804／**営**通年／**休**不定／**IN**12：30／**OUT**11：00／**サイト数**4／**交通**新東名島田金谷ICから車で50分／ゴミ引き取り（1袋100円、可燃物のみ）／https://inishiemori.com

おいしい情報 車で5分、「魚勇 水川店」の刺身は、島田市内からわざわざ買いに来る人もいるほどの絶品。キャンプに必要な食材も一通りそろう便利なお店だ。

山間にアプトの汽笛が響く

ポッポ!!

58

居心地のいい芝サイトで眺めも抜群

アプトいちしろキャンプ場

予約方法／ウェブ
料金／入場料（大人 300 円、3 歳～小学生 200 円）+サイト料（3000 円～ 7000 円）

タイプ／河畔　サイト／芝・砂利

フリー　区画　電源　オート　バンガロー　直火　ペット
炊事場　給湯設備　風呂　シャワー　洗濯機　水洗トイレ　WiFi

コインランドリーは1回200円

満天の星空!

バーベキュー用のコンロも利用できる

旧井川線の廃トンネルで肝試しに挑戦!

目の前を大井川が流れ、ロケーションが抜群。対岸の崖の上には線路が走り、時折、大井川鐵道のアプト式列車がゆっくりと横切っていく。満天の星空、秋の紅葉も見どころの一つ。川は深くて入ることができない分、釣りに興じる人が多く、管理棟で釣り竿を借りることもできる。接岨峡温泉や長島ダムなど、周辺には観光スポットも多く、ここを拠点に鉄道旅を楽しむのもオススメ。サイトは芝と砂利に分かれていて、焚き火をする場合は防災シートが必要なので必ず持参を。

DATA　榛原郡川根本町梅地 3-19 ／ ☎ 080-2636-6128 ／ **営** 3 月第 3 土曜～ 11 月末／**休**なし／ **IN**12：00 ／ **OUT**11：00 ／**サイト数** 30 ／**交通**新東名島田金谷 IC から車で 80 分／**ゴミ**持ち帰り／ https://abt-camp.shizu.website

おいしい情報 》 キャンプ場内で活ヤマメを購入できる！一匹 300 円。詳しくは管理人に聞いてみて。

木陰が涼しげ

59

池の谷ファミリーキャンプ場

上／バンガローの利用は5000円〜　右／緑豊かなフリーサイト

タイプ／**林間・河畔**　**サイト**／**土**

予約方法／電話・ウェブ
料金／入場料500円（小学生以下200円）+駐車料300円（キャンピングカー3000円）、テント持ち込み1500円、タープ持ち込み500円、デイキャンプ500円

DATA 川根本町千頭528-5／☎0547-59-2746（川根本町まちづくり観光協会）／**営**4月〜11月／**休**なし／**IN**11：00／**OUT**10：00／**サイト数**50／**交通**新東名島田金谷ICから車で70分／**ゴミ**引き取り／https://okuooi.gr.jp/contact_camp

寸又川沿いにあるリーズナブルな家族向けキャンプ場。松・モミ・コナラなどの木々が立ち並び、木陰もあるから夏も涼しげ。デイキャンプの利用も可能（10時〜17時）で、バーベキュー設備も3台備えている。入浴は車で10分の「もりのいずみ」へ。木々が生い茂っているので、虫よけ対策はしっかりと。

60

八木キャンプ場

予約方法／電話（0547-59-2746）・ウェブ
料金／入場料300円（小学生以上）、駐車料300円、テント持ち込み1200円、タープ500円

DATA 川根本町奥泉761-2／☎0547-59-1940／**営**3月〜11月／**休**なし／**IN**8：00／**OUT**12：00／**サイト数**90／**交通**新東名島田金谷ICから車で70分／**ゴミ**持ち帰り／https://okuooi.gr.jp/contact_camp

緑に囲まれた場内は、木陰が多くて心地よい雰囲気。脇を流れる大井川は水深が浅く、水遊びも楽しめる。広場やテニスコートなどもあるので、家族連れに人気だ。入浴は徒歩5分で行ける「もりのいずみ」が便利。利用は原則、県内在住者限定。年によっては4月開業の場合もあるので希望者は事前に問い合わせを。

上／夏も涼しい林間のキャンプ場。デイキャンプもできる　右／ゆったりとした雰囲気でファミリー層に人気

タイプ／**林間・河畔**　**サイト**／**砂利**

オススメ！ 川根エリアの買い出しスポット

新鮮な野菜、肉、魚、地元の土産などが勢ぞろい

左／ 16 種から選べる県産緑茶とオリジナルシェラカップ（1500 円） 右／用宗にある醸造所 WCB などのクラフトビール、地酒も豊富

〈KADODE OOIGAWA〉

地元の食材が大集合！ キャンプで緑茶を楽しもう

緑茶・農業・観光の体験型フードパーク。場内にあるマルシェは県下最大級で、地元ならではの特産物が並ぶ。県産ブランド牛「静岡そだち」や、吉田のウナギ、用宗のシラス、焼津や御前崎の海産物をはじめ、キャンプにぴったりの旬の野菜や果物も手に入る。

アルコール類も充実しており、目玉は静岡県独自の酒米・誉富士を使った日本酒。クラフトビールやチューハイもご当地ならではの商品がそろい、酒好きにはたまらない空間になっている。施設内では 16 種類のオリジナル緑茶も販売。キャンプごはんの後は、大井川の緑茶を楽しもう！

DATA 島田市竹下 62 ／☎ 0547-39-4073 ／**営** 9:00 〜 18:00 ／**休**第 2 火曜（臨時休館あり）

〈やまめ平〉

渓流の女王・ヤマメをゲットしよう

島田市の山間部にある人気の釣りスポット。ヤマメ（生）を 1 尾 275 円で買えるので、持ち帰ってキャンプ場で調理することも可能。塩焼き（400 円）、燻製（700 円）、甘露煮（1200 円）も購入できる。釣り体験は 3 尾保証で 1 時間 2420 円（小学生以下 1870 円）+餌代 330 円。釣り方は熟練スタッフが教えてくれるから安心！

DATA 島田市笹間下 1707 ／☎ 0547-39-0244 ／**営** 3 月春分の日〜 11 月最終日曜の 9：00 〜 17：00 ／**休**木・金曜（春休み・夏休み期間は営業）

ヤマメのつかみ取り体験も子どもに人気

〈南アルプスジビエ牧場〉

地元猟師が捕らえた希少なジビエ肉

地元猟師の殿岡邦吉さんが、有害鳥獣駆除の一環で捕らえた鹿や猪を解体し、冷凍肉として販売。塊肉が基本だが、スライスなどの要望があれば追加料金で対応してくれる。数に限りがあるので、購入希望者は事前に電話で連絡を。

DATA 榛原郡川根本町千頭 1190-2 ／☎ 0547-59-2078

部位は鹿・猪ともにロースとモモで、価格は各1kg4000円（変動あり）

焼肉用スライスやブロック肉などのほか、焼き豚や餃子なども売れ筋

〈ファーマーズ・マーケット ジャパンバザール〉

リーズナブル！ 島田生まれのブランド牛「葵」

地元の杉村牧場で育ったブランド牛「食通の静岡牛 葵」が看板商品。ホルスタインと黒毛和牛の交雑種でうま味十分。サーロイン（100g882円）や赤身（100g498円）などがリーズナブルな価格でゲットできる。店頭には県産豚肉や地場野菜もいっぱい！

DATA 島田市阪本 4245-3 ／☎ 0547-38-5507 ／**営** 9：00 ～ 17：30 ／**休** 1/1 ～ 5

〈手造りハム工房 昭米《しょうべい》〉

本格ウインナーで、ちょっとリッチなBBQを

ドイツのコンテストで金賞を受賞した手作りハム・ソーセージをそろえる店。ポーランド風の辛口粗挽き「デブレツィナー」や、豚・牛の細挽き「ヴィナー」などのウインナーはBBQにぴったり（各100g335円）。表面を軽く焼いて味わうミートローフ（100g335円）もオススメだ。

DATA 島田市南 1-5-32 ／☎ 0547-37-1186 ／**営** 9：00 ～ 18：00 ／**休**日曜、祝日

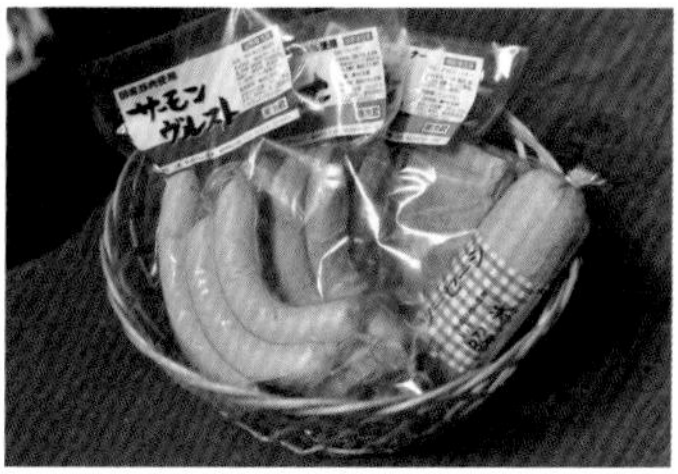

スモークサーモンのウインナー「サーモンブルスト」（100g335円）も人気

話のネタになりそうな変わり種サイダーが勢ぞろい

〈木村飲料 直売所〉

ご当地サイダーでキャンプ気分アップ！

人気の富士山サイダー（250円）をはじめ、大井川や富士山の伏流水を使った約80種類のご当地飲料がずらり。ゆずラムネ（200円）やしずおか茶コーラ（250円）などのユニークな商品のほか、好みの割材でお酒が作れる高濃度アルコール（1430円）も手に入る。

DATA 島田市宮川町 2429 ／☎ 0547-35-1507 ／**営** 9：00 ～ 18：00 ／**休**日曜

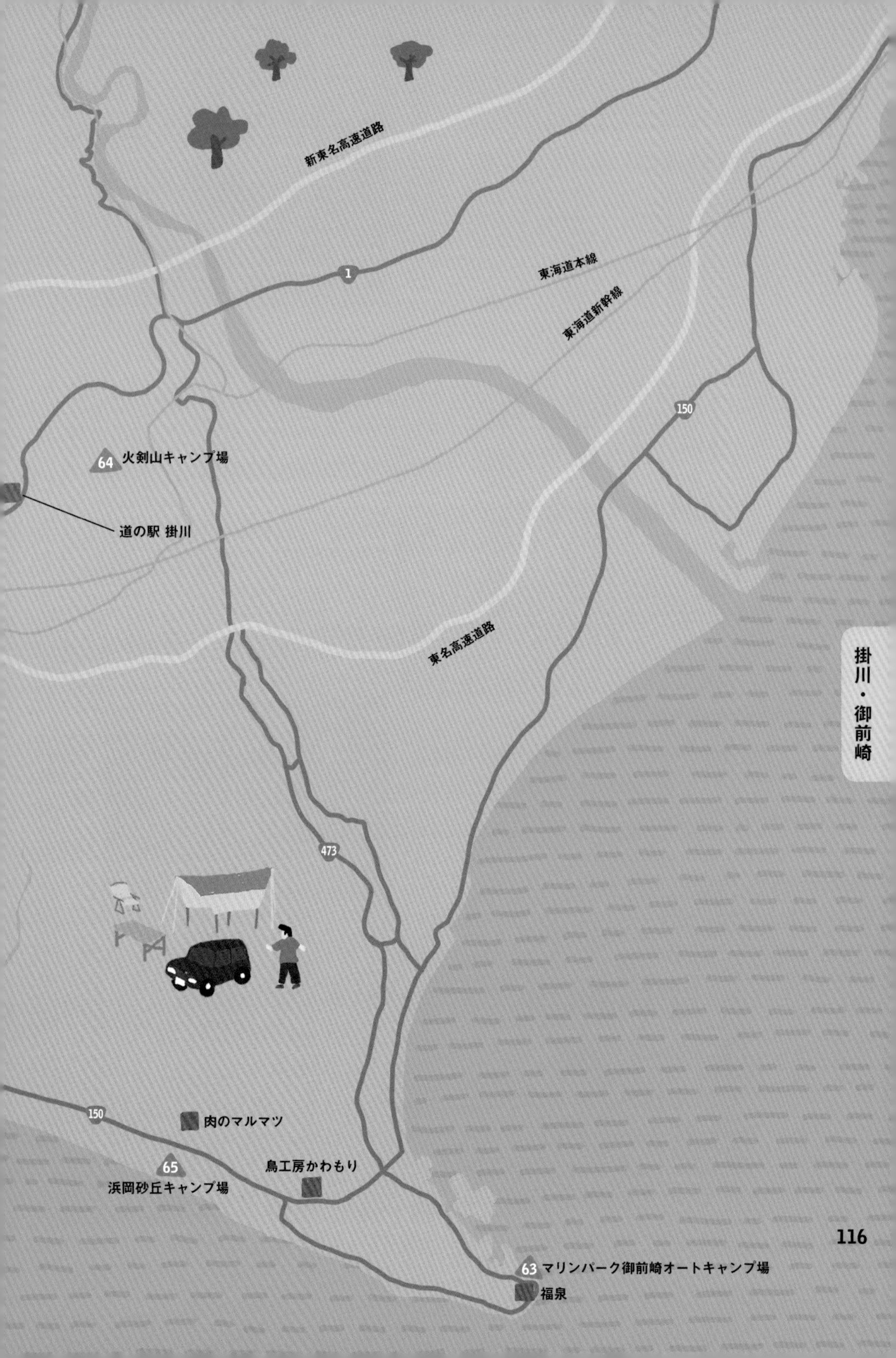
新東名高速道路
1
東海道本線
東海道新幹線
150
64 火剣山キャンプ場
道の駅 掛川
東名高速道路
473
150
肉のマルマツ
65
浜岡砂丘キャンプ場
鳥工房かわもり
63 マリンパーク御前崎オートキャンプ場
福泉

掛川・御前崎エリア

[Kakegawa・Omaezaki Area]

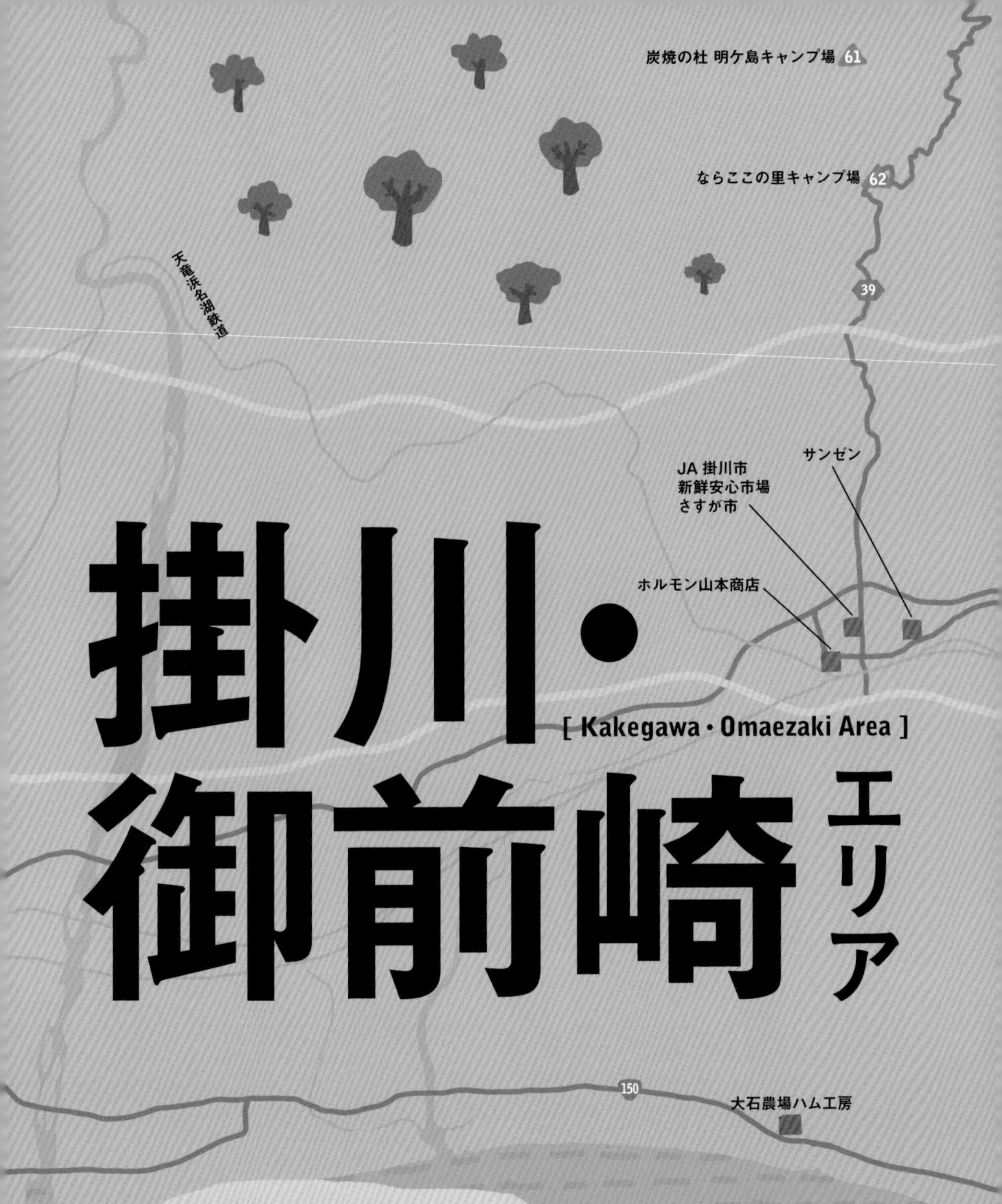

掛川方面は山、御前崎方面は海と、ロケーションが大きく異なるのが特徴。キャンプ場の数はそれほど多くないものの、個性的なスポットが点在していて、牛肉や鶏肉、魚介類など、キャンプで味わいたい食材も豊富なエリアだ。

24時間焚き火ができる専用のプライベートサイト

61

炭焼の杜
明ケ島《みょうがじま》キャンプ場

タイプ／林間・河畔　**サイト**／土・デッキ

フリー　区画　電源　オート　バンガロー　直火　ペット
炊事場　給湯設備　風呂　シャワー　洗濯機　水洗トイレ　WiFi

予約方法／電話・ウェブ
料金／テントサイト（土日）5000円～、ウッドデッキサイト（土日）7000円～+環境維持費1人 500円

新東名高速道路の森掛川ICから、曲がりくねった狭い山道を車で登り続けること30分余り。携帯の電波は圏外になり、「本当にこんなところにキャンプ場があるの?」と思い始める頃に姿を現すのが、「炭焼の杜」と銘打ったこのキャンプ場だ。閉鎖されていたキャンプ場を地元の建設会社が改装し、2017年にリニューアルオープン。スマホは通じない、電源サイトもない、外灯も最小限と〝ないないづくし〟だが、自然の中で穏やかな時間を過ごしたいと考えるキャンパーたちから熱い支持を集めている。

　コンセプトは「STUDY TO BE QUIET(静かなることを学ぶ)」。鳥や虫の声に耳を澄ませたり、静かに本を読んだり……ゆっくりと過ぎる時間を心ゆくまで味わえるのが、ここの最大の「売り」。人工的な音を廃するため、大人数で騒いだり、電子音楽再生機器の使用もご法度。静寂に包まれた暗闇の中で、輝く星空

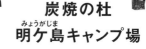

鍋敷に使ってね

静寂の中で「何もない贅沢」を味わう

清流を真下に望むウッドデッキサイト

捕まえられるかな?

隣接の養殖場でアマゴのつかみ取りもできる

古民家をリノベしたグランピング施設も

予約制でフライ・てんから釣り（キャッチ＆リリース）が楽しめる

を存分に満喫できる。

　仲間たちと焚き火を囲みながら会話を楽しみたい人は、通常サイトから少し離れた場所にある焚き火専用のプライベートサイト（定員15名）の利用を。気温はふもとよりも5度前後低いため、夏でも涼しい夜を過ごせる。朝日とともに目覚めたら、各サイトに備え付けられているウッドデッキでコーヒータイム。川のせせらぎを聞きながら、「何もない贅沢」を思う存分堪能しよう。

管理棟では薪や炭、オリジナルコーヒーなどが買える

DATA 掛川市炭焼 33-2 ／☎ 0537-25-2507 ／**営** 4月～11月／**休**なし／**IN**12：00（コテージは 13：00）／**OUT**11：00 ／**サイト数** 16 ／**交通**新東名森掛川 IC から車で 30 分／**ゴミ**引き取り／ http://www.bt-r.jp/smc

おいしい情報 新東名森掛川 IC から車で 5 分、「かけがわ西の市」なら地元の新鮮な野菜や果物がどっさり手に入るよ！

キャンプ&温泉でリフレッシュ

緑に囲まれたフリーサイト

夏は水遊びや魚のつかみ取りが楽しめる

日陰が欲しいなら林間区画サイトへ

せせらぎを聞きながら温泉を満喫

「かけがわトーチ」も販売

62 ならここの里キャンプ場

タイプ／林間・河畔　サイト／芝

フリー　区画　電源　オート　バンガロー　直火　ペット
炊事場　給湯設備　風呂　シャワー　洗濯機　水洗トイレ　WiFi

予約方法／ウェブ・電話
料金／サイト料（フリー 2800 円、区画 4000 円〜）＋入場料1人 150 円

山間の緑に囲まれた、のどかな雰囲気が魅力。場内を流れる原野谷川は水深が浅く、キッズも安心して遊べるとあって、休日は多くのファミリーで賑わう。清潔感のあるシャワーやウォシュレット付きのトイレなど、設備が充実しているからキャンプ初心者も安心。日差しを避けたいなら林間区画サイトがオススメだ。自然の中で目いっぱい遊んだら、併設する「天然温泉ならここの湯」でさっぱりと汗を流そう。食事処やマッサージなどもあり、キャンプ場にいながらプチリゾート気分が味わえる。

温泉施設では農産物も買える

DATA　掛川市居尻 179 ／☎ 0537-25-2055 ／**営**通年／**休**なし（温泉は第 1・3 火曜）／ **IN**13：00（コテージは 14：00）／ **OUT**11：00（コテージは 10：00）／**サイト数** 100 ／**交通**新東名森掛川 IC から車で 20 分／**ゴミ**引き取り／ http://www.narakoko.info

おいしい情報　車で南へ 10 分、柴田牧場直営の「しばちゃんランチマーケット」で買えるジャージー牛の牛乳やヨーグルトは絶品！

御前崎エリアの逸品
IPPIN

「牛肉」

甘みがじゅわり！遠州夢咲牛でBBQを

カイノミ 100g1058円

特上カルビ 100g1058円

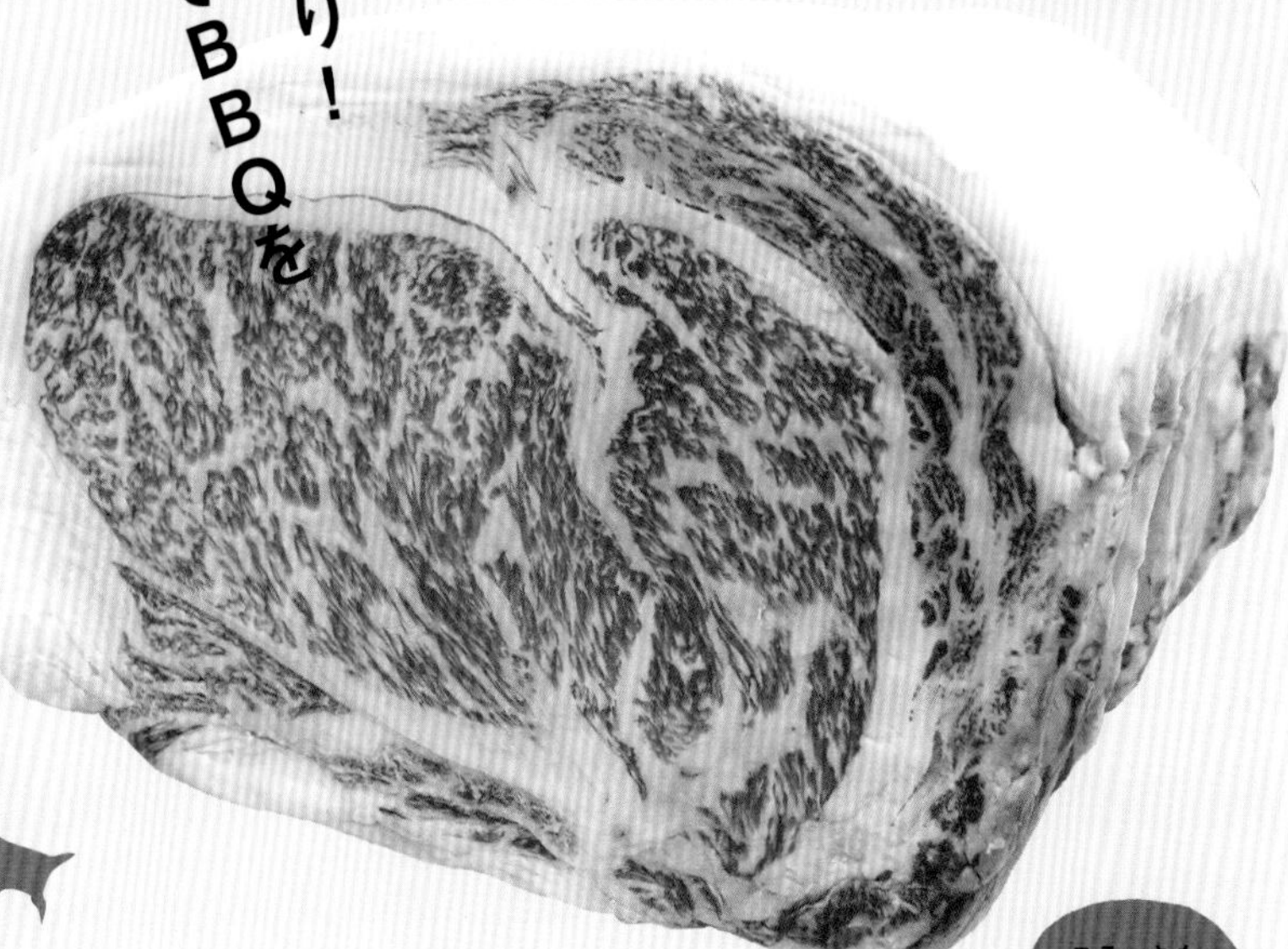

ステーキもオススメだよ

「掛川牛」や「森の姫牛」など、地域ごとに独自の銘柄が生産されている中遠エリア。中でもJA遠州夢咲管内（掛川・菊川・御前崎）で育てられている「遠州夢咲牛」は、内閣総理大臣賞を受賞した実績を持つ県内きってのブランド牛だ。生後21カ月の黒毛和種のうち、肉質がA3等級以上のものを厳選して認定。遠州の温暖な気候のもと、良質な飼料で育てた肉は甘みがあり、脂のうま味を存分に味わうことができる。

御前崎市にある「肉のマルマツ」は、そんな遠州夢咲牛をメインにそろえる精肉店。焼き肉用カルビやモモ、ステーキ用サーロインなど、店頭にはA 5ランクの肉がずらりと並ぶ。「常連さんに人気なのは希少部位のカイノミ。1頭買いで仕入れているから、いろいろな部位をそろえていますよ」と代表取締役の和田寛人さん。事前に予約すればブロック肉も購入可能。BBQやキャンプの食材目当てに訪れる人も多いという。

肉のマルマツ

御前崎市池新田3946-8／☎0537-26-9181／**営**10：00～18：00／**休**月曜・第3火曜
遠州夢咲牛をメインにそろえる精肉店。ホルモンや総菜のほか、牛肉100%の満点ハンバーグ（冷凍）も人気！

空も
海も
広い！

広々とした開放的なフリーサイト

7月初旬～8月末は海水浴場がオープン

御前崎のシンボルの灯台は歩いて20分ほど

気分は南国、海の幸を堪能しよう

＼キンメダイも！／

隣接する「御前崎海鮮なぶら市場」には新鮮な魚介類がいっぱい。毎週土日は野菜が並ぶ朝市も

63 マリンパーク御前崎オートキャンプ場

タイプ／海辺　サイト／芝

フリー　区画　電源　オート　バンガロー　直火　ペット
炊事場　給湯設備　風呂　シャワー　洗濯機　水洗トイレ　WiFi

予約方法／電話・ウェブ
料金／1サイト6人まで3000円（7人以上は一人につき500円加算）

海鮮BBQを楽しみたいキャンパーにオススメなのが、ここ。隣接する「なぶら市場」に行けば、伊勢エビやサザエといった地元の新鮮な海産物をゲットできる。太平洋に突き出た御前崎は県最南端の港町で、気候も温暖。場内は全面芝生のフリーサイトで、入江式の海水浴場も目と鼻の先だ。見上げれば日中は青い空、夜は満天の星空が広がり、南国ムードたっぷり。秋口は海風がやや強くなるので、ペグなどの防風対策をお忘れなく。

炊事場も近くにあって便利

DATA 御前崎市港6099-1／☎0548-63-2001／**営**4/1～11月末頃／**休**火曜／**IN**11：00／**OUT**10：00／**サイト数**30／**交通**東名相良牧之原ICから車で30分／**ゴミ**引き取り／ http://www.omaezaki.gr.jp

おいしい情報 魚介類ならすぐ近くにある「なぶら市場」や「福泉」へ。野菜や肉は150号沿いにある「道の駅 風のマルシェ御前崎」（車で20分）で買える。

＼ 秋の紅葉も見どころ！ ／

64 火剣山《ひつるぎさん》キャンプ場

予約方法／14日前までにウェブまたは電話・菊川市商工観光課窓口で受付（8：15～17：00）　**料金**／基本料金（キャンプサイト1100円、バンガロー2420円 ※日帰り半額）+加算額（小学生以上110円 ※日帰り50円）

DATA 菊川市富田3126-6／☎0537-35-0936（市役所商工観光課）／**営**通年（バンガローは4月～10月）／**休**なし／**IN**16：00／**OUT**9：00／**サイト数**15／**交通**東名菊川ICから車で20分／**ゴミ**持ち帰り／https://www.city.kikugawa.shizuoka.jp/shoukoukankou/hitsurugisan_campba.html

リーズナブルな料金が魅力。日帰り利用（9：30～15：30）もできる

菊川市の最高峰・火剣山にある、隠れ家のような市営のキャンプ場。春は桜、秋は紅葉、冬は満天の星空など、四季折々の風景が広がる。山頂の展望台に登れば、遠州灘や牧之原台地などの眺望も楽しめる。車で10分圏内には、JA直売所「ミナクルふれあい菊川の里」や、アウトドア用品販売の「アイアンクラフト」など、キャンパー好みのスポットもいっぱい。

タイプ／林間　サイト／土

フリー　区画　電源　オート　バンガロー　直火　ペット
炊事場　給湯設備　風呂　シャワー　洗濯機　水洗トイレ　WiFi

65 浜岡砂丘キャンプ場

予約方法／電話・ウェブ
料金／大人2000円、中学生以下1000円（日帰りは半額）

DATA 御前崎市池新田9122-1／☎0537-85-2418／**営**通年／**休**なし／**IN**11：00／**OUT**10：00／**サイト数**約10／**交通**東名相良牧之原ICから車で30分／**ゴミ**持ち帰り／https://nagomi-hamaokasakyu.com

上／電源使用は+1000円
右／デイキャンプは午前10時～午後5時

浜岡砂丘の入り口にあるカフェ「浜岡砂丘なごみ」が運営するミニキャンプ場。6m×4mの小規模サイトや、10m×15mの大きめのサイトなど、目的に応じて自由に選べる。BBQ設備もあり、5人以上で利用可能。辺りには海辺の豊かな自然が広がり、サーフィンや釣り、バードウォッチングなどを楽しむ人も多い。サイトは木陰が少ないのでタープの持参を。

タイプ／林間　サイト／芝

フリー　区画　電源　オート　バンガロー　直火　ペット
炊事場　給湯設備　風呂　シャワー　洗濯機　水洗トイレ　WiFi

オススメ！掛川エリアの買い出しスポット

〈JA 掛川市　新鮮安心市場さすが市〉

程よくサシが入った掛川牛はとろけるおいしさ

地元ブランド「掛川牛」をゲットしよう

JA 掛川市の農産物直売所で、目玉はなんといっても地元の「掛川牛」。スライス肉やステーキなどが並ぶほか、県産の牛肉「葵」や豚肉「金華王」などの銘柄肉も手に入る。初夏は新タマネギ、夏はトウモロコシ、秋はしいたけなど、季節の地場野菜もいっぱい！

DATA 掛川市弥生町 234 ／☎ 0537-24-3128 ／**営** 9：00 ～ 18：00 ／**休**水曜

〈道の駅掛川〉

新鮮な朝採れ地場野菜がぎっしり！

地元で採れた新鮮な野菜がぎっしりと並ぶ道の駅。トウモロコシやしいたけ、カボチャなど BBQ にぴったりの農産物もそろう。土産コーナーには、ソーセージやハム、ハンバーグなどの加工品がいっぱい。前日までに予約すれば、肉やホルモンのセットも注文可能だ。

DATA 掛川市八坂 882-1 ／☎ 0537-27-2600 ／**営** 9：00 ～ 17：00 ／**休**第 2 月曜

調理法などが書かれている POP にも注目を

〈サンゼン〉

地元の「カケガワビール」やオリジナル商品「OUTDOOR SPICE B.B」はキャンプのお供にぴったり

クラフトビール＆スパイスが自慢のスーパー

地元の食材が充実しているスーパーで、キャンプ向けの食材も豊富にそろえている。特にクラフトビールの品ぞろえには自信があり、国内・海外問わず常時 100 種以上が並ぶ。肉はもちろん、魚やポテトサラダにも合うオリジナルスパイスも販売中。

DATA 掛川市葛川 1096-1 ／☎ 0537-24-3000 ／**営** 10：00 ～ 21：00（日曜 9：00 ～）／**休**なし

〈ホルモン 山本商店〉

やわらか! 味噌ダレの肉厚ホルモン

小笠食肉センターから直接仕入れた新鮮なホルモンを扱う店。八丁味噌のタレを絡ませた肉厚ホルモン（100g302円）は、子どもでも噛み切れるやわらかな食感が売り。和牛小腸（100g356円）は炭火焼きやモツ鍋にオススメ。事前予約で焼き肉セット（2041円〜）も注文できる。

DATA 掛川市下俣 1083-2 ／☎ 0537-23-3294 ／**営** 10：00 〜 18：30 ／**休**水曜

〈福泉《ふくせん》〉

おいしそうな魚がずらりと並んで目移りしそう

鮮度抜群!御前崎の魚介ならお任せ

マリンパーク御前崎の目の前にある鮮魚店。御前崎港から仕入れた海産物は鮮度抜群で、いけすに入ったサザエやハマグリ、伊勢エビなどはBBQにぴったり。キンメダイなど旬の魚が常時並び、カニやカツオなどの冷凍物も豊富にそろう。

DATA 御前崎市御前崎 1071 ／☎ 0548-63-3027 ／**営** 9：00 〜 16：30 ／**休**なし

〈鳥工房かわもり〉

極上! 一黒シャモの手羽をBBQで

歯ごたえのある食感と深いコクで人気上昇中の地鶏「遠州一黒シャモ」の養鶏場。事前に電話連絡すれば、冷凍の手羽肉を購入できる。価格は4本入りで1280円前後（重さにより変動）。近くにある道の駅・風のマルシェでも購入可能だ。

DATA 御前崎市佐倉 3027-2 ／☎ 0537-86-2538 ／**営** 9：00 〜 18：00 ／**休**なし

弾力ある食感が特徴の一黒シャモ

〈大石農場ハム工房〉

名物のローストポーク（100g540円）

野外で味わいたい本場のハム・ソーセージ

本場ドイツの製法で作るハム・ソーセージが常時40種類、店頭に並ぶ。人気のローストポークはハムステーキに最適で、土日なら焼き立てが購入可能。ラム肉のソーセージ（100g420円）やアイスバイン（1本1680円）も野外料理にぴったり！

DATA 掛川市沖之須 451-3 ／☎ 0537-48-5618 ／**営** 10：00 〜 18：00 ／**休**火曜

浜松エリアは西に風光明媚な浜名湖、北に緑豊かな山間部が広がる。浜名湖の牡蠣や三方原台地の馬鈴薯など、地場産品も豊富な食材の宝庫だ。海・湖・川沿いでBBQや野外体験を楽しもう。
76 星降るみさくぼキャンプ場 よつばの杜
152
362
↑龍山へ
↑春野へ
吉野屋精肉店
152
飯田線
龍山周辺
龍山秘密村
75
はるの山の村
74
おくの養魚場
73 はるの川音の郷
72 古民家キャンプサイト六迦
71 小川の里オートキャンプ場
152
362
春野周辺
浜松市街へ↓
150
70 竜洋海洋公園オートキャンプ場

浜松エリア

[Hamamatsu Area]

三遠南信自動車道
69 てんてんゴー しぶ川
新東名高速道路
チーズ工房 のなか
青い鳥牧場
峯野牛 直売店
JA とぴあ浜松
ファーマーズマーケット三方原店
257
152
68
ミニキャンプ浜名湖
東名高速道路
遠州鉄道
67 TARI CANHA Murakushi BEACH
よらっせ YUTO
浜松市渚園 66
東海道新幹線
257
八木田牡蠣商店
1
301
1
まんさく工房 工場直売所

66

県内最大級を誇る、約4万㎡のキャンプサイト

タイプ／湖畔　サイト／芝・土

フリー　区画　電源　オート　バンガロー　直火　ペット
炊事場　給湯設備　風呂　シャワー　洗濯機　水洗トイレ　WiFi

浜松市渚園

予約方法／電話・ウェブ
料金／フリーサイト410円、オートサイト3660円～

遠州灘と浜名湖の境目に建つ、弁天島の大鳥居。高さ18mの赤いシンボルタワーが見守るこの地に浜松を代表するキャンプ場がある。湖にポッカリ浮かぶアウトドア施設「浜松市渚園」だ。これまで多くの有名ミュージシャンが野外ライブを行ってきたスポットだが、近年は人気漫画「ゆるキャン△」のモデル地として再び脚光を浴びている。

90以上の区画を備えたオートサイトは、AC電源付き、ペット同伴可(ドッグランあり)、BBQガーデンなど、バラエティー豊か。利便性を求めるなら東エリア、すぐに湖岸に行きたいなら南エリア、静かな時間を過ごしたいなら北エリアと、気分に合わせてエリアを選べるのも特徴だ。ソロキャンやデュオキャンを気軽に楽しみたいなら、全面芝生のフリーサイトへ。自転車やバイクの乗り入れOK、1人410円という思わずのけぞってしまうような低料金で、初心者のお試しキャ

上／ 10m × 10m の広さで利用できるオートサイト　下／美しいロケーションの浜名湖を遊び尽くそう

気軽に行ける湖上のアウトドア施設

左／マルシェなどのイベントも多数開催される　右／売店には渚園限定「ゆるキャン△」コラボグッズも！

焚き火用の薪も売店で買える（650 円）

ンプにもぴったりのサイトだ。

そのほか野球場、テニスコート、多目的運動場といった施設も整備され、レンタサイクルのターミナルにもなっている。隣にはミニ水族館「浜名湖体験学習施設 ウォット」もあり、いろいろなアクティビティーが楽しめる観光レジャーランドといっても過言ではない。思い思いのキャンプを楽しみながら、浜名湖の豊かな自然・食・文化を堪能しよう。

テラス席を備えた管理棟

DATA 浜松市西区舞阪町弁天島 5005-1 ／☎ 053-592-1525（受付 8：30 ～ 20：00）／**営**通年／**休**年末年始（臨時休業あり）／**IN**フリーサイト 10:00、オートサイト 11：00 ／ **OUT**10：00 ／**サイト数** 143 ／**交通**東名浜松西 IC から車で 20 分、JR 弁天島駅から徒歩 10 分／ゴミ持ち帰り／ https://www.birukan.jp/nagisaen

おいしい情報 地場産の獲れたて魚介や野菜が買える「よらっせ YUTO」は車で約 10 分。浜名湖名産ウナギの白焼き、“ 幻の蟹 ” ドウマンのほか、弁当や菓子などのコンビニメニューも充実！

湖の目の前にテントが張れる絶好のロケーション

湖畔の隠れ家で自然と溶け合う

67

TARI CANHA Murakushi BEACH

（タリカーナ　村櫛ビーチ）

右／夕暮れ時は湖面がオレンジ色に染まる
左／ビールやコーヒーを楽しめるカフェバー

予約方法／メール（taricanha@yahoo.co.jp）、Facebook、Instagram
料金／サイト料（4400円）+入場料（大人1760円、小中学生1210円）

タイプ／湖畔　**サイト／芝・砂利**

町営海水浴場の跡地を利用した大人のための隠れ家キャンプ場。最大の魅力は、目の前に広がる浜名湖のロケーション。キャンプをしながら、磯遊びや釣り、SUPやカヤックなどのアクティビティーを楽しめる。サイトは大きめのプライベートサイトとソロ／デュオ向けのミニマルサイトの2種類。キャンパー以外でも利用できるコンテナ式のアウトドアグッズストアとカフェバーも人気だ。湖畔の自然と融合するような、スローでラスティックなひとときを求めるならココ！

ストアではオリジナルグッズの販売も

DATA　浜松市西区村櫛町5747-1／☎非公開／**営**通年／**休**平日（長期連休時は営業）／**IN**12：00／**OUT**11：00（デイキャン営業日は18：00）／**サイト数**8／**交通**東名舘山寺スマートICから車で15分／**ゴミ**持ち帰り（徒歩・自転車は引き取り可）／https://www.facebook.com/TARICANHAMurakushiBEACH

おいしい情報　車で北へ約10分で行ける「ぐーちょきぱん」は、おとぎ話の世界に登場するような不思議な建物が目印のパン屋さん。店内には空気と水にこだわったデニッシュや菓子&惣菜パンがずらり！

68

ミニキャンプ浜名湖

予約方法／キャンプ場予約サイト「なっぷ」
料金／サイト料 3000 円+ゴミ処理代 200 円

DATA 浜松市北区三ヶ日町大崎 1899-5 ／☎ 053-526-7066 ／**営**通年／**休**なし／ **IN**9：00 ／ **OUT**16：00 ／**サイト数** 4 ／**交通**東名三ケ日 IC から車で 10 分／**ゴミ**引き取り／ https://www.3535.co.jp/minicamp

上／目の前が浜名湖という抜群のロケーション　右／ WiFi 無料の休憩スペースも完備

浜名湖遊覧船みっかび瀬戸港に2021年6月、日帰りキャンプ場がオープン。目の前に浜名湖を望みながら、のんびりとデイキャンプが楽しめる。4サイトのうち2カ所は有料（1000円）で電源使用可。地元の「みっかび牛」が味わえるBBQプラン（4400円）もあり。日陰がなく、強風が吹く時もあるので、タープと長めのペグを準備しよう。

タイプ／湖畔　サイト／土

69

てんてんゴーしぶ川

予約方法／電話・ウェブ
料金／オートサイト 3450 円（電源付きは+ 580 円）、二輪サイト 1180 円、バンガロー 5800 円〜、コテージ 23000 円〜

DATA 浜松市北区引佐町渋川 237-1 ／☎ 053-545-0452 ／**営**通年／**休**不定（繁忙期は無休）／ **IN**13:30 〜 17:00（コテージ 15:00 〜）／ **OUT**11:30（コテージ 10：00）／**サイト数** 20 ／**交通**新東名浜松いなさ IC から車で 15 分／**ゴミ** 500 円で引き取り／ http://www.tentengo.jp

上／四季折々の景観が楽しめるキャンプ場。バンガロー・コテージ（ペット NG）もある　右／地場産の肉厚しいたけが味わえる BBQ

地域のNPOが運営する奥浜名湖地域のキャンプ場。9月〜翌年6月の間は、ほだ木のしいたけを採りながら、鶏肉や野菜などと一緒に味わえる「しいたけ狩りBBQ」が人気（1人2200円、4日前までに要予約）。通年で楽しめる五平餅作り（500円）など、キャンプしながら里山ならではの体験ができる。夏場は近くの渋川親水公園で水遊びしよう！

タイプ／林間　サイト／砂利

南国ムード漂う海辺のキャンプ場

70 竜洋海洋公園オートキャンプ場

県西部を代表する海辺の大型施設

上／水場とAC電源が付いた区画サイト　下／芝が広がる見晴らしの良いフリーサイト

予約方法／電話・FAX・ウェブ
料金／フリーサイト3140円、電源付き区画サイト5230円、キャンピングカーサイト6600円、別途入場料360円（小中学生260円）

タイプ／海辺　サイト／芝

ソロからファミリーまで幅広く迎え入れ、県西部屈指の人気を誇る。海辺のロケーションを含む広大かつ開放的な場内は、フリーサイト、区画サイト、キャンピングカーサイトに加え、4タイプあるコテージやトレーラーハウスまで完備。さらに、2カ所ある炊事棟、温水・暖房便座のトイレ、ファイヤーピット、子どもが遊べるプレイロットなどなど、至れり尽くせり。隣接する「しおさい竜洋」には、レストランや温泉、プール、直売所などがあって便利！

コテージはロフトや掘りごたつなど4タイプ

DATA 磐田市駒場6866-10／☎0538-59-3180（受付9：00〜17：00）／**営**通年／**休**なし／**IN**13：00〜17：00（コテージ14：00〜）／**OUT**8：00〜11：00／**サイト数**85／**交通**東名浜松ICから車で20分※JR磐田駅・豊田町駅から無料シャトルバス（土日のみ）あり／**ゴミ**引き取り（清掃協力費100円）／http://www.ryu-yo.co.jp/AUTO/

おいしい情報　隣接の「しおさい竜洋」には野菜や加工品など、毎朝入荷される新鮮な地場産品100種類以上がリーズナブルな値段で並ぶ。手ぶらでBBQができるレストランテラスも人気！

浜松エリアの逸品
IPPIN

［牡蠣《かき》］

肉厚で身がぎっしり！

冬キャンのお供に

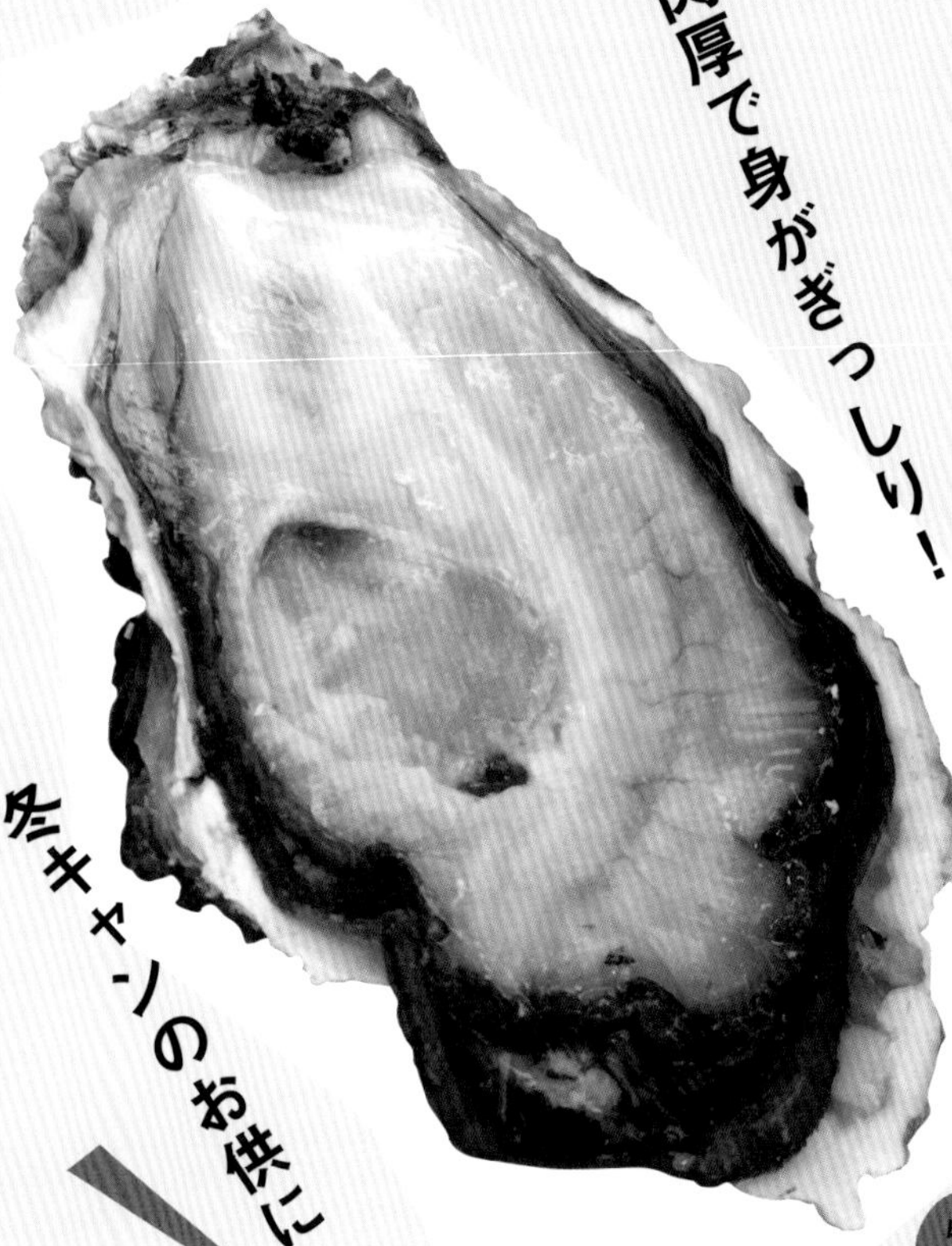

浜名湖のグルメと聞いてまず思い浮かぶのは「鰻」。だが、冬の味覚である「牡蠣」も負けてはいない。新居・舞阪地区には20を超える養殖業者があり、広島や宮城などの有名産地に勝るとも劣らない牡蠣が育てられている。

「浜名湖は淡水と海水が混ざり合う汽水湖で、プランクトンが豊富。だから、肉厚で熱を入れても縮みにくい牡蠣ができるんです」

そう話すのは、舞阪で牡蠣の養殖を行う八木田牡蠣商店の八木田昇一さん。浜名湖の牡蠣は成長度合いによって養殖の場所を変え、およそ1年半をかけて出荷できるサイズに育てる。旬は11月下旬から始まるが、年明け以降の方が身がぎっしりと入って食べ応えがあるという。

商店では牡蠣の直売も行っていて、大粒・小粒を500gか1kg単位で購入可能（価格は年ごとに変動）。バーベキューにぴったりの殻付き牡蠣は、大粒で1個200円。収穫量には限りがあるので前日までに予約がオススメだ。

八木田牡蠣商店

浜松市西区舞阪町舞阪 18-1 ／☎ 053-592-0485 ／営 9：00～16：00 ／休年末年始
営業期間は11/20頃～3月下旬。新鮮な牡蠣のほか、冷凍物のサバやメヒカリの干物、うなぎ串なども購入できる。出荷状況はフェイスブック、インスタグラムで発信中。

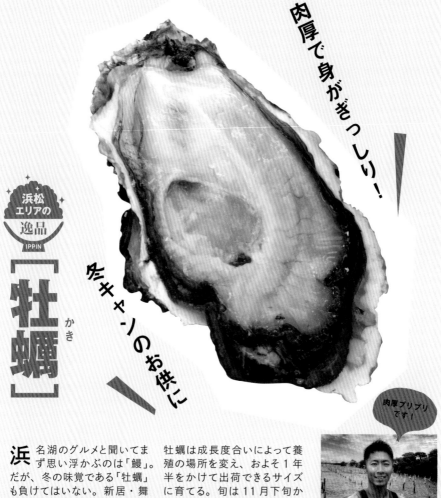

【馬鈴薯《ばれいしょ》】

ホクホク食感が自慢の三方原ブランド

夏限定で販売される三方原馬鈴薯100%使用の「三方原ポテトチップス」

オススメレシピの「黒胡椒まみれの手割りポテト」。作り方はJAとぴあ浜松三方原馬鈴薯のYoutubeチャンネルで公開中

旬は5月中旬～7月初旬

薄皮でキメ細かい肌に、デンプン質を豊富に含んだ白い果肉。浜松市北区・三方原台地を中心に生産される「三方原馬鈴薯」は、都心の有名ホテルやレストランでも食材として使われ、全国有数のブランドジャガイモとして知られている。

収穫のピークは5月中旬～7月初旬。浜松ならではの温暖な気候と三方原台地特有の赤土で育った馬鈴薯は、火を通すことで豊かな味わいが引き出される。一般的なジャガイモと違い、口内にまとわりつくパサパサ感がなく、適度な水分を残しながらホクホクした食感を楽しめるのが特長だ。

キャンプ料理の定番はシンプルなホイル焼き。水洗いした馬鈴薯を皮ごとアルミホイルで包んだら、炭火でじっくり30分ほど焼き上げよう。箸が通るくらいやわらかくなったら完成だ。味付けは、バター、明太子、イカの塩辛、アンチョビなどがオススメ。子どものおやつや酒のつまみにもぴったりだ。

JAとぴあ浜松
ファーマーズマーケット
三方原店

浜松市北区根洗町1213-2／☎053-414-2770／**営**9：00～18：00（11月～2月は～17：00）／**休**無休（12/31～1/4は休業）
JAとぴあ浜松が運営する農産物直売所。市内に4店舗（三方原店・東店・白脇店・浜北店）あり、地元の採れたて野菜や果物、卵、精肉、加工品などが豊富にそろうため、キャンプの買い出しに利用する人も多い。

木陰でのんびり、せせらぎに癒やされる

家族のんびり過ごせる芝生のフリーサイト

快適な木陰のコアサイト

＼夜は満天の星空を満喫／

71

小川の里オートキャンプ場

タイプ／林間・河畔　**サイト**／芝・土

フリー　区画　電源　オート　バンガロー　直火　ペット
炊事場　給湯設備　風呂　シャワー　洗濯機　水洗トイレ　WiFi

予約方法／電話・ウェブ
料金／4000円（大人2人まで、3人目以降は+2000円）、日帰り500円（小学生200円）

目の前を流れる川を眺めながら、木陰でのんびり自然を満喫……そんなキャンプが楽しめるのがココ。地元の自治体が運営するキャンプ場で、気田川沿いに桜が植え込まれているから夏も涼しく、春は花見が楽しめる。芝生が心地よいフリー&区画サイトはファミリー向け。頭上を遮るものがなく、夜の星空もばっちりだ。川付近のコアサイトは直火OKで、ベテランキャンパーが好んで利用する。電源は+500円で使用可能。入浴は車で15分の入浴施設「やすらぎの湯」がオススメだ。

管理棟では薪・炭、ステッカーなどを販売

DATA 浜松市天竜区小川1800／☎070-4397-5256／**営**通年／**休**なし／**IN**9：00～17：00／**OUT**11：00／**サイト数**約40／**交通**新東名浜松浜北ICから車で30分／**ゴミ**持ち帰り／https://www.ogawanosato.com

おいしい情報 》 車で5分、「五平餅の金ちゃん家」で名物の五平餅やアマゴの塩焼きが味わえる。

リノベ古民家で新感覚キャンピング！

田舎暮らしが体験できるキャンプ場

女性専用もあるテントサイト

ツリーハウスなど気になる設備がいっぱい

72 古民家キャンプサイト 六迦（ろっか）

タイプ／林間　**サイト／芝・土・コンクリート**

フリー　区画　電源　オート　バンガロー　直火　ペット
炊事場　給湯設備　風呂　シャワー　洗濯機　水洗トイレ　WiFi

予約方法／電話・ウェブ
料金／サイト料 3850 円～+施設利用料 1500 円

築110年の古民家をリノベーション。「明治～大正の田舎の休日」をコンセプトに、キャンプ＋古民家暮らしを体験できる個性的な施設として話題となっている。遊び心あふれる設備は、林間オート・コンクリート・丸太の各サイトに加え、女性専用サイトも完備。ほかにもBBQスペースとして利用できるウッドデッキやツリーハウス、古民家内の囲炉裏、釜戸、茶室など、気になるポイントが満載だ。利用者自ら薪で炊く五右衛門風呂&ヒノキ風呂（いずれも日帰り入浴可）も大人気！

こだわりの薪炊きヒノキ風呂

DATA 浜松市天竜区春野町領家1141-1／☎ 080-9721-9007／**営**通年／**休**不定／**IN**13：00／**OUT**12：00／**サイト数**7／**交通**新東名新磐田スマートICから車で40分／**ゴミ**引き取り（500円）／https://www.rokkamywork.com

おいしい情報 車で南へ10分、人気のカフェ「Fucucafe」には季節限定の日光天然氷のかき氷のほか、オリジナルバーガー、スープセットなど、キャンプ料理の＋αとして購入したいメニューがずらり！

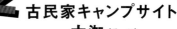

73

はるの川音《かわおと》の郷《さと》

予約方法／電話・ウェブ
料金／キャンプサイト 4400 円（電源付き+ 1100 円）、ドッグランサイト 6600 円〜、トレーラーハウス 8800 円〜

DATA 浜松市天竜区春野町宮川 2098-1 ／☎ 053-985-0630 ／**営**通年／**休**火・水曜（7/21 〜 8/31 は水曜のみ、1・2 月は不定）／ **IN**13：30 ／ **OUT**11：00 ／**サイト数** 60 ／**交通**新東名浜松浜北 IC から車で 40 分／**ゴミ**可燃物のみ 500 円で引き取り／ https://kawaoto.jp

上／熊切川沿いの心地良い雰囲気　右／キャンプサイト日帰りは 2200 円

キャンプに愛犬を連れていきたいならココ。芝生のドッグランサイトがあり、グループでペットとのんびり過ごせる。熊切川で水遊びもできるから、ファミリーキャンプにもぴったり。出来たてが味わえる釜焼きピザ作り体験（1000円）のほか、夏は鮎のつかみ取りも楽しめる。気軽にアウトドアを楽しめるトレーラーやキャンピングカーも人気！

タイプ／林間・河畔　**サイト／芝・砂利**

74

はるの山の村

予約方法／電話・キャンプ場予約サイト「なっぷ」
料金／サイト料（通常 3300 円、繁忙期 4400 円）+ 環境整備費（1 人 300 円）

DATA 浜松市天竜区春野町杉 943-1 ／☎ 053-984-0311 ／**営** 3 月〜 12 月／**休**火〜木曜／ **IN**11：00 〜 15：00 ／ **OUT**11：00 ／**サイト数** 11 ／**交通**新東名森掛川 IC から車で 60 分／**ゴミ**引き取り（300 円）／ http://harunoyama.org

上／標高 550m のキャンプ場。2022 年からはコテージもオープン予定　右／北遠の山々を望むビューポイントも

一時閉鎖されていたが、経営者が変わり再オープン。夜は満天の星空が広がり、夏も比較的涼しく過ごせる。6月はホタルも見られるとあって、ファミリーの利用が多い。区画サイトは隣とのスペースに余裕があるので、周りに気兼ねなくキャンプを楽しめる。場内にはMTBのコースがあり、バイクは現地でレンタルも可能だ。

タイプ／林間　**サイト／土**

誰にも教えたくない秘密基地！

家族連れに大人気の秘密基地

クライミングに挑戦！

愉快な動物たち
もいっぱい

小さな子どもも遊べる小川

75 龍山秘密村

タイプ／林間　**サイト**／芝・土

フリー　区画　電源　オート　バンガロー　直火　ペット
炊事場　給湯設備　風呂　シャワー　洗濯機　水洗トイレ　WiFi

予約方法／ウェブ
料金／テントサイト 2200 円（小学生以下 1100 円）、ロッジ 15400 円〜、デイキャンプ 800 円

天竜区の山道をひた走ると突如現れる不思議な〝村〟。ここは、子どもの頃に誰もがワクワクした「秘密基地」がコンセプトのキャンプ場だ。自然の木々と近くを流れる小川、開放的な芝生で構成された場内は、遊び心をくすぐる設備が満載！フリーのテントサイト、コテージ、ロッジをはじめ、プール、クライミング、マウンテンバイクのアクティビティーも存分に楽しめる。毎回好評を博している子ども向け1デーキャンププログラムなどの独自イベントも定期的に開催中だ。

場内にはカフェも併設

DATA 浜松市天竜区龍山町大嶺 1371-2 ／ ☎ 053-969-0755 ／**営** 4 月〜 11 月／**休**月〜水曜／ **IN**13：00 〜 17：00（コテージ・ロッジ 14：00 〜 17：00）／ **OUT**10：00 ／**サイト数**テント約 50 張／**交通**新東名浜松浜北 IC から車で 50 分／**ゴミ持ち帰り**／ https://himitsumura.com

おいしい情報 》 車で 25 分ほどで行ける「ドラゴンママ」は、龍山地域の特産品を製造・販売する施設。漬物、味噌、ジャムをはじめ、市の料理コンテストで最優秀賞に選ばれた「おちゃめろんパン」が名物だ。

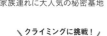

浜松最北端！里山の自然と戯れよう

2棟あるバンガローも利用可能（要問い合わせ）

緑の中でゆったり

脇を流れる翁川は川遊びに最適

ウッドデッキを備えたプレミアムサイト

76 星降るみさくぼキャンプ場 よつばの杜

タイプ／林間・河畔　サイト／芝・土

フリー　区画　電源　オート　バンガロー　直火　ペット
炊事場　給湯設備　風呂　シャワー　洗濯機　水洗トイレ　WiFi

予約方法／電話・ウェブ
料金／オートサイト3000円（電源付き5000円）、平日限定フリーサイト2000円（バイクは1500円）、別途管理費300円〜 ※5〜10月は+1000円

浜松最北端の地・天竜区水窪町。長年閉鎖されていたキャンプ場を、地元有志が中心となって復活させて2019年にオープンした。最大の魅力は、雄大な山々と清流・翁川に挟まれた自然豊かなロケーション。サイト内にも木々が生い茂り、まるで森の中にいるような感覚に浸れる。グルキャンやファミキャンなら、ウッドデッキのあるプレミアムサイトが狙い目。山遊びや川遊び、夜空を覆う満天の星など、キャンプ本来の素朴な体験をしたい人にぴったりのスポットだ。

管理棟には売店やカフェなどを併設

DATA 浜松市天竜区水窪町奥領家4192-2／☎090-7954-0050（受付9：00〜18：00）／**営**通年／**休**不定／**IN**13：00〜18：00／**OUT**9：00〜12：00／**サイト数**24／**交通**新東名浜松浜北ICから車で70分／**ゴミ**持ち帰り／https://yotsubacamp.com

おいしい情報　車で5分の商店街にある老舗和菓子店「八幡屋製菓」は、とち餅やクリーム大福などが人気でキャンプのデザートにオススメ。電話（053-987-0135）で注文すればキャンプ場まで配達してくれる。

オススメ! 浜松エリアの買い出しスポット

峯野牛は地元でも知る人ぞ知るブランド牛だ

〈峯野牛直売店〉

脂の甘みが自慢のブランド牛をブロックで

峯野牧場の独自ブランド「峯野牛」が買える唯一の店。引佐町奥山でストレスなく育った牛は、赤身のうま味と脂の甘みが自慢。キャンプ食材なら、モモ肉のブロック（100g620円～）や上ロース（100g900円～）がオススメだ。購入の際は3日前までに注文を。

DATA 浜松市北区根洗町130-5／☎053-523-7770／**営**10：00～15：00／**休**木・日曜

〈青い鳥牧場〉

濃厚な味わい! 浜北コーチンの卵と餃子

地元の緑茶を飼料に混ぜて育てた浜北コーチン（名古屋種）の卵が買える直売所。オレンジの色の黄身は濃厚な味わいで、熱々のご飯と相性抜群。10個で540円、1個からでも購入OK。鶏肉を使った餃子も販売中で、水餃子にするとダシのうま味が楽しめる。

DATA 浜松市浜北区宮口4824／☎053-582-2369／**営**9：00～17：00／**休**なし

鶏の旨味たっぷり、浜北コーチンの餃子（972円）

搾りたての牛乳から作るチーズはやさしい味わい

〈チーズ工房のなか〉

搾りたての牛乳で作った新鮮なモッツァレラ

酪農家直営のチーズ工房で、3種のモッツァレラチーズを販売。搾りたての牛乳を使ったチーズは酒のつまみやサラダの具材、ピザのトッピングなど、幅広いシーンで活躍すること間違いなし。価格は1g当たり7円（税別）。事前に連絡すれば営業日以外でも購入できる。

DATA 浜松市浜北区灰木428／☎053-582-2254／**営**10：00～16：00／**休**火～金曜

〈吉野屋精肉店〉

往年のファンも多い自家製のハムやベーコン

「天竜ハム」のブランドで親しまれるクローバー通り商店街の老舗精肉店。人気のハム（100g320円）やベーコン（100g450円）はすべて手作りで、これを目当てに足繁く通うファンも多い。子どもにはホワイトソーセージ（100g260円）がオススメ。

DATA 浜松市天竜区二俣町二俣1147／☎053-925-2003／**営**9：00～18：30／**休**日曜

ソフトサラミ（1180円）は酒のつまみにぴったり

〈まんさく工房 工場直売所〉

“幻の豚肉”が買えるお得な直売店

精肉工場の直売所だからブランド肉もお得に買える！

精肉加工所に隣接する直売所で、店内には牛・豚・鶏の精肉、ベーコンやソーセージなどの加工品がずらりと並ぶ。希少価値が高く幻の豚肉と呼ばれる「いきいき金華」はここでしか買えないブランド豚。遠州夢咲牛もリーズナブルな価格で購入できる人気スポットだ。

DATA 浜松市南区田尻町912-1／☎053-545-4129／**営**9：00～17：00／**休**火・水曜

〈よらっせ YUTO〉

アサリにクルマエビ！ 浜名湖の食材大集合

浜名湖で獲れた新鮮な魚介を手に入れるならココ。クルマエビやクマエビはBBQにぴったりの食材で、シコシコとした食感のアカニシガイも人気が高い。ササガニやアサリなどはスープのダシに使っても美味！野菜や調味料、地酒なども売られている便利なお店だ。

DATA 浜松市西区雄踏町宇布見9981-1／☎053-597-2580／**営**9：30～18：00／**休**水曜

クルマエビは浜名湖の隠れた名物の一つ

〈おくの養魚場〉

清流で育てた新鮮なアマゴが買える

鮮魚のほか、自慢の甘露煮も販売中

熊切川の清流でアマゴを育てる養魚場で、事前に連絡すれば生のアマゴ（200円）が購入可能。希望者にはサービスでワタ抜きもしてくれる。新鮮なアマゴは塩焼きはもちろん、バターや味噌でホイル焼きにしても美味！

DATA 浜松市天竜区春野町田河内557／☎053-986-0257（要事前連絡）

買い出しスポット

INDEX

キャンプ場

撮影協力
ピーターパンキャンパーズ
(中村康宏・松下理恵子・松下達矢・近藤正樹)

函南町を拠点に活動する家具作家・園芸家・デザイナーによる、キャンプ・アウトドアのオリジナルブランド。「心はいつも秘密基地」を合言葉に、カッティングボードや焚きつけ、五徳など、木材のぬくもりを生かしたギアのデザイン・製作を手掛けている。商品はウェブサイトやインスタグラムを通じて販売中。

URL https://peterpancamp.base.shop
Instagram https://www.instagram.com/peterpancampers

しずおか美味しいキャンプガイド

2021年10月15日 初版発行
2022年 4月 8日 第2刷発行

発行者　大須賀紳晃
発行所　静岡新聞社 出版部
〒422-8033 静岡市駿河区登呂3-1-1
電話 054-284-1666

企画・編集　静岡新聞社
写真　小澤義人
スタッフ　野寄晴義(メ切三昧)　海老根美保　外由美子
手老五月　中井彩乃　谷 悠　権田記代子
永井麻矢(スタジオムーン)
衣装協力　CAMPUS(カンプス)
レシピ監修　榊原 香(fundish)
装丁・デザイン・イラスト　塚田雄太

印刷・製本　図書印刷株式会社

ISBN978-4-7838-2633-0 C0026
＊定価は裏表紙に表示してあります。